内蒙古自治区
民营经济
发展报告

（2023）

ANNUAL REPORT ON THE DEVELOPMENT
OF PRIVATE ECONOMY
IN INNER MONGOLIA AUTONOMOUS REGION

（2023）

程瑶瑶　赵娟　宫晓辰　主编

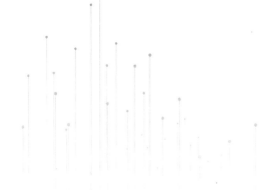

化学工业出版社

·北京·

图书在版编目（CIP）数据

内蒙古自治区民营经济发展报告.2023/程瑶瑶，
赵娟，宫晓辰主编.—北京：化学工业出版社，2024.7
ISBN 978-7-122-45714-1

Ⅰ.①内… Ⅱ.①程…②赵…③宫… Ⅲ.①民营经
济-经济发展-研究报告-内蒙古-2023 Ⅳ.①F127.26

中国国家版本馆CIP数据核字（2024）第103278号

责任编辑：龙　婧 　　　　　　装帧设计：史利平
责任校对：宋　玮

出版发行：化学工业出版社
　　　　　（北京市东城区青年湖南街13号　邮政编码100011）
印　　装：中煤（北京）印务有限公司
710mm×1000mm　1/16　印张10　字数300千字
2024年6月北京第1版第1次印刷

购书咨询：010-64518888 　　　　　售后服务：010-64518899
网　　址：http://www.cip.com.cn
凡购买本书，如有缺损质量问题，本社销售中心负责调换。

定　　价：178.00元 　　　　　　版权所有　违者必究

前言

民营经济是我国经济发展的重要引擎，是创业就业的主要领域、技术创新的主要推动力量、国家税收的重要来源，在推动社会主义市场经济发展、促进政府职能转变、推动农村富余劳动力转移以及拓展国际市场等方面发挥了重要作用。习近平总书记在多个场合强调民营经济的关键作用，强调其"只能壮大，不能弱化"。2023年7月，《中共中央国务院关于促进民营经济发展壮大的意见》对民营经济的定位做出了重要表述："民营经济是推进中国式现代化的生力军，是高质量发展的重要基础，是推动我国全面建成社会主义现代化强国、实现第二个百年奋斗目标的重要力量。"这体现了党中央、国务院坚持"两个毫不动摇"，促进民营经济发展壮大的坚定决心。

内蒙古自治区一直高度重视民营经济发展，严格贯彻落实党中央和国务院关于支持民营经济发展的各项政策。内蒙古自治区政府通过改善营商环境、提供税收优惠、加强金融支持、优化行政服务、保障企业家权益等一系列措施，积极构建有利于民营企业发展的良好环境，引导民营企业通过自身改革发展、合规经营、转型升级不断提升发展质量，激发民营经济的活力，促进民营经济做大、做优、做强。为深入了解内蒙古自治区民营经济发展状况，把握企业动态需求变化，助力政府制定更加精准、有效的政策措施，本书对内蒙古自治区不同盟市、不同行业的民营企业进行追踪调查。通过系统比较和趋势分析，揭示了内蒙古自治区民营企业在融资、资源获取、营商环境、科技创新、数字化转型以及绿色发展等方面的基本情况，探究其在应对市场变化和履行社会责任方面所面临的挑战、机遇、优势与困境。内蒙古自治区民营经济高质量发展，不仅对本地区的经济繁荣具有重要意义，对于推动全国经济高质量发展和提升国际竞争力也具有积极的推动作用。

目 录

五、
内蒙古自治区民营企业数字化转型

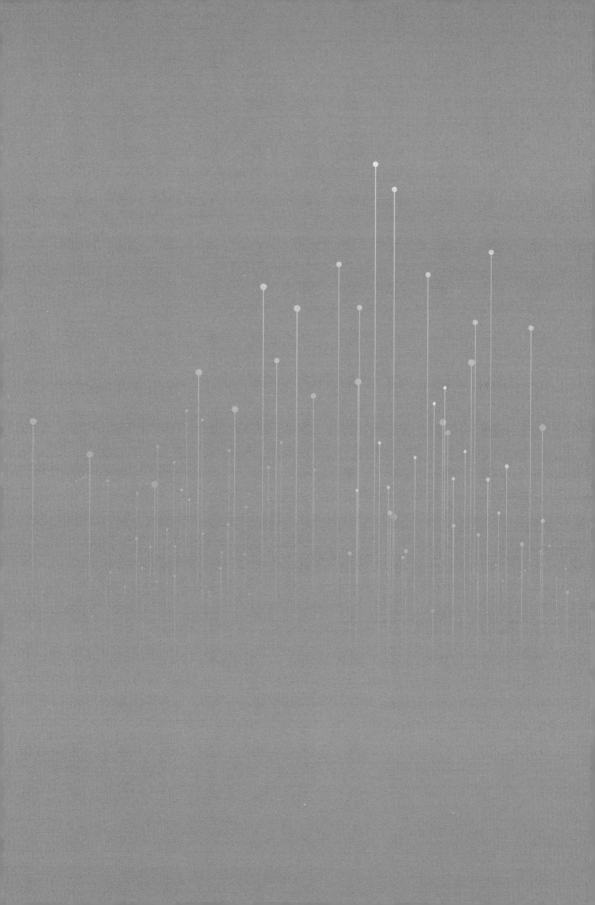

一、

引言

随着中国社会主义市场经济的蓬勃发展，民营经济已成为不可或缺的重要力量。民营企业不仅是地方经济增长的主要推动力，也是社会持续创新和稳定的重要源泉。内蒙古自治区民营经济的快速发展离不开政府长远的发展战略、有力的政策支持和公平的营商环境营造。近年来，内蒙古自治区政府采取了一系列措施，包括营商环境建设、税收优惠、金融支持、行政服务优化和企业家权益保障等，致力于构建有助于民营企业成长的良好环境，以激发民营经济发展活力。

从2023年民营经济发展情况看，面对日益加剧的国内外经济竞争压力和后疫情时代经济复苏的机遇，内蒙古自治区政府迅速调整发展政策，帮助企业缓解竞争压力，并为其长期发展指引方向。通过提供定制化的服务和资源为中小微企业解决融资困难，从而提高管理和运营效率，增强市场适应能力。

另外，在加快民营经济发展的过程中，内蒙古自治区政府还通过创新激励、自主权放宽和提供创业指导来培育和推广企业家精神。内蒙古自治区政府致力于打造充满活力与创新力的营商环境，为地区经济的多元化和可持续发展奠定坚实基础。

内蒙古自治区民营经济的发展是一个复杂、综合的过程，涉及政策支持、市场适应、创新驱动和社会责任等多个方面。在政府的有力支持下，内蒙古自治区的民营企业不仅能有效应对当前的挑战，还能在未来的市场竞争中保持领先地位，为地区乃至国家的经济发展作出重要贡献。

（一）内蒙古自治区民营经济发展的时代机遇与挑战

民营经济的发展和繁荣对于国家的整体经济健康和社会进步至关重要，不仅是国家经济增长的关键动力，也是增加就业和社会稳定的源泉。民营经济的灵活性和创新能力使其能够迅速适应市场变化，推动经济结构优化和区域发展平衡。同时，民营企业在国际贸易和全球市场中的活跃参与，也有力提升了国家的经济实力和国际竞争力，促进了国际经济合作和文化交流，并显著提高了国家的国际影响力。

1. 民营经济发展的贡献与时代机遇

民营经济在增加国家GDP方面扮演着重要角色，尤其是在制造业、服务业等关键领域。民营经济还在推动消费和投资两大经济增长引擎方面起到决定性作用。2018年，我国民营企业已超过2500万户，贡献全国税收50%以上；创造的国内生产总值、固定资产投资以及对外直接投资均超过60%；民营企业中的高新技术企业占全国高新技术企业比重超过70%；民营企业城镇就业人数占全国城镇就业人数的

80%以上；民营企业新增就业贡献率达90%。

民营经济在促进区域平衡发展中起到重要作用。通过创造就业、提高地区生产总值和带动相关产业链的发展，缩小地区发展差距，促进社会和谐。同时，民营企业在资源配置、产业升级和推动地区经济一体化方面也起到关键作用。10年来，国家制定和修订了大量关于民营经济的政策法规，为民营经济的健康发展提供了法规政策支撑。其中，《优化营商环境条例》等政策法规的实施，加快了营商环境优化进程，民营经济已占市场主体的95%以上。

民营经济在国际贸易中的作用日益增强，成为推动国家对外贸易增长的重要力量。民营企业通过参与国际市场，不仅带动了产品和服务的出口，还促进了国内产业技术的进步和国际化水平的提升。此外，民营企业在国际合作项目中更加灵活高效，有助于促进跨国投资、技术交流和文化互鉴，加强国家在全球经济体系中的综合实力。据经济观察网报道，2021年，中国民营企业的出口总额已经超过美国和德国的出口总额，民营企业成为中国保持出口高增速的强大主力。此外，民营企业出口占全国出口的比重也在不断增加，在国际市场上发挥更大的竞争力与影响力。

民营企业在促进创新和技术发展方面发挥了显著作用，在新技术的研发和应用中表现突出。例如，民营企业在数字技术、人工智能、生物科技等领域的创新活动尤为活跃，通过引入和开发新技术，不仅提高了自身的运营效率，也更好地满足了市场需求，在竞争激烈的市场中占据有利位置。

民营企业在数字化转型和绿色经济方面扮演了先锋角色，尤其注重数字技术应用和环保举措采纳，不仅推动了自身的可持续发展，也为整个行业乃至社会的转型升级提供了范例。另外，民营企业在创造就业和社会稳定方面也发挥了重要作用，对减少失业率、增加家庭收入和改善民生带来积极影响；通过培训和提供职业发展机会，显著提高了劳动力水平，促进了社会劳动力的整体素质提升。同时，民营经济的繁荣也有助于社会的稳定和谐和社会福祉的提升。

2. 民营企业发展的时代挑战与现实困境

民营经济在中国经济发展中的重要性日益凸显，但同时也面临着一系列时代挑战和现实困境。

第一，市场准入和营商环境的不公平让民营企业在与国有企业的竞争中处于劣势。这主要由于行政审批的复杂性和不透明性，特别是在能源、金融和公用事业等关键领域。这些因素导致民营企业在获取土地、信贷等方面处于不利地位。据《中国民营企业发展报告》显示，行政性负担和不平等的市场准入是影响民营企业发展的主要障碍之一。

第二，民营企业融资难一直是制约其发展的关键问题。尽管国家已推出小微企业融资担保等多项措施，但实际效果并不明显。许多银行和金融机构倾向于向被视为"低风险"的国有企业贷款，导致民营企业常常无法获得足够的资金来扩大生产或投资新项目。据中国银行业协会统计，尽管中小企业在所有企业中占比超过90%，但它们获得的银行贷款却未达到这一比例。此外，由于缺乏足够的抵押物，中小企业在融资时通常面临着更高的利率和更严格的审查。

第三，虽然民营企业在某些领域取得了显著的创新成果，但总体而言，它们在研发投入和技术创新方面仍存在明显不足。许多民营企业在研发投入上远低于国际标准，这限制了它们在高新技术产品开发和市场竞争中的能力。此外，知识产权保护和创新激励机制的缺乏也是制约民营企业创新发展的重要因素。

第四，民营企业在吸引和留住高素质人才方面面临巨大挑战，这主要是由于它们相对较低的薪资和有限的职业发展机会。根据中国人力资源和社会保障部统计，人才流失已成为制约民营企业，特别是中小企业发展的主要障碍。

（二）内蒙古自治区民营经济发展的研究背景与价值

在此背景下，内蒙古自治区促进民营经济发展项目课题组对内蒙古自治区民营企业开展问卷调查和持续追踪研究。2023年，课题组通过蒙企通平台发放并回收503份问卷，调查覆盖了大型、中型、小型以及微型等不同规模民营企业；涉及行业范围广泛，涵盖了制造业、建筑业、批发和零售业、住宿和餐饮业等多个关键经济部门，彰显出民营经济的多样化；调研企业涵盖呼和浩特市、鄂尔多斯市、包头市、赤峰市、呼伦贝尔市、通辽市、乌海市、巴彦淖尔市、乌兰察布市、兴安盟、锡林郭勒盟、阿拉善盟，保证了调查结果的地域代表性。本课题不仅为了解内蒙古自治区民营企业的经营状况、政策影响和发展需求提供了宝贵的第一手资料，也通过2023年与2022年调研数据的对比分析系统揭示了民营企业的发展趋势，对于系列追踪调查和研究具有重要价值。

1. 持续促进政策评估与优化

深入的跟踪调研能够为政策制定者提供关键反馈，确保政策设计更加精准地服务于民营经济的真实诉求。通过分析民营企业对现有税收减免、金融支持和市场准入政策的响应，政府相关部门决策者可有效地评估政策产生的实际效应并及时调整，从而提高政策效率。此外，调研结果也可揭示民营企业在不同经济周期和外部环境变化中的适应性，指导政府在面临不确定性时如何更好地支持民营经济，从而维护经济的稳定性和可持续性。

2. 持续跟踪感知企业动态需求

跟踪调研不仅帮助政府和企业掌握当前市场状况，还能预见未来发展趋势。民营企业在市场经济中具有快速响应变化的优势，及时了解它们的需求和挑战有助于促进创新和科技进步。例如，如果调研发现特定区域的民营企业对某种新技术的需求增加，政府和投资者可以针对性地投资与其相关的研发和教育培训，促进该地区经济的转型升级。同时，民营企业对政策和市场环境的实时反馈，能够帮助政府更好地理解如何在经济增长放缓时采取措施促进消费和投资，刺激经济增长。

此外，跟踪调研也有助于揭示不同地区民营企业发展的不平衡性，为政府提供区域协调发展战略的数据支持。通过对民营企业发展状况的综合评估，政府能够更有效地提出差异化的区域发展政策，推动地方经济的平衡发展，缩小发展差距，促进社会的全面繁荣。

二、

内蒙古自治区民营企业发展基本情况

内蒙古自治区民营企业展现出了独特且多元的发展轨迹。企业在规模上呈现多样性，从小型微企到大型企业，治理结构亦呈现多样化。在生产运营方面，企业不断调整战略以应对快速变化的市场环境。同时承担起更多社会责任，为地区社会经济的发展贡献力量。2023年，内蒙古自治区民营企业面临复杂挑战。资金获取、市场竞争、人才吸引、法规实施以及环保政策适应等均考验着企业的经营智慧和策略灵活性。本部分主要对内蒙古自治区民营企业的基本情况进行分析，探究其企业治理结构、生产经营状况以及基础困境，为后续深入探索内蒙古自治区民营企业的适应能力、创新路径以及可持续发展提供分析基础。

（一）民营企业的发展规模和治理结构

1. 民营企业成立年限和发展规模

民营企业在内蒙古自治区经济结构中扮演着不可或缺的角色，新兴企业的不断涌现是良好经济环境与政策支持的直接成果体现。图2-1显示，内蒙古自治区民营企业的年轻化趋势越加明显，图2-1展现了内蒙古自治区民营企业成立年限的分布情况。其中，成立9年及以上的企业占了最大比例，为41.15%，反映出该地区有着较为活跃的企业创立活动，并且这些企业能够持续长久地运营。成立0～2年的企业占18.49%。而成立5～6年的企业占10.93%，在所有组别中占比最小。成立7～8年的企业占12.72%，而成立时间3～4年的企业占16.71%。整体上，该图揭示了民营企业随着时间增长，存续比例呈递减的趋势，也表明了市场的成熟度及企业对政策支持的需求。从成立年限来看，成立时间的长短能够反映民营企业在市场中的成熟度。对于成立时间较短的企业，政策制定应更多倾向于提升其生存和成长能力；对于已成立多年的企业，政策制定者需要给予更精细化的支持，以帮助其在激烈的市场竞争中持续成长和创新。

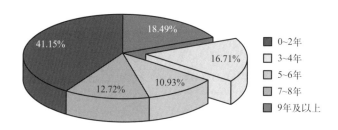

图2-1　2023年内蒙古自治区民营企业成立年限

根据工业和信息化部、国家统计局、国家发展改革委、财政部印发的《中小企业划型标准规定》，以《国民经济行业分类》为基础，按照行业门类、大类、中类和小类，依据从业人员、营业收入、资产总额等指标或替代指标，本研究将内蒙古自治区民营企业划分为大型、中型、小型、微型四种类型。内蒙古自治区民营企业2022年规模分布中，微型企业以51.91%的比例占据绝大多数，小型企业占比达26.97%，中型企业以15.04%的比例居第三位，大型企业仅占6.09%，比例较小，但鉴于其规模和潜在的市场影响力，在经济发展中的作用不可忽视（见图2-2）。对于小微型企业，政策应着重于提供创业支持和市场准入便利，帮助其在激烈的市场竞争中生存和成长。而对于大中型企业，政策制定者需考虑如何提供更加稳定的发展环境和增长动力，以促进其可持续发展，进而推动内蒙古自治区民营经济的整体进步和多元化发展。

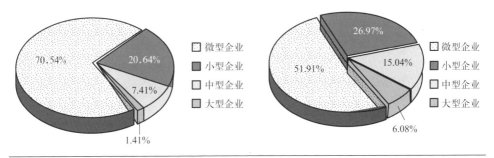

图2-2 2023年与2022年内蒙古自治区民营企业规模情况比较（左：2023年；右：2022年）

相较2022年，2023年内蒙古自治区民营企业调研数据显示，微型企业占比有明显提升，而大、中、小型企业占比则有不同程度下降。如图2-2所示，微型企业在2023年的调研中占据大多数，比例为70.54%，相比2022年，占比增加近20%。小型企业的占比从2022年的26.97%下降至20.64%，中型企业占比较2022年的15.04%下降至7.41%，同时，大型企业占比下降至1.40%。总体而言，相较2022年，2023年大、中、小型企业的调研覆盖比例较低，而微型企业占比显著增加。

2. 民营企业所属产业

对民营企业所属18个行业进行产业归类，第一产业包括农业、林业、牧业和渔业，第二产业包括制造业、采掘业、建筑业和公共工程、上下水道、煤气、卫生部门，第三产业包括商业、金融、保险、不动产业、运输、通信业、服务业及其他非物质生产部门。调研企业的三大产业分布在2022年与2023年大致相近。2023年，在三大产业分布中第三产业企业最多（69.98%），较2022年提升2.70%，其次为第二产业（21.87%），较2022年增加5个百分点，2023年第一产业企业（8.15%），较2022

年则下降7.70%，（见图2-3）。

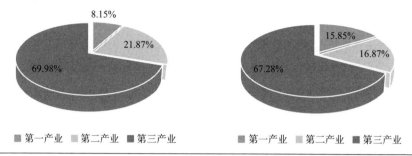

图2-3　2023年与2022年内蒙古自治区三大产业民营企业占比（左：2023年；右：2022年）

从从业人数来看，第二产业和第三产业在2023年几乎持平，分别占48.11%和48.91%（见图2-4）。这种均衡分布表明，第二产业和第三产业在提供就业机会方面都非常重要。第一产业的从业人数占比最低，只有2.98%，可能是由于样本中第一产业中的民营企业较少有关。2022年揭示了另一种分布情况，其中第二产业占据了绝大部分的比例，达到86.50%。这意味着在某种情况下，第二产业提供了大量的就业机会，相比之下，第一产业和第三产业的比例较小，分别只有5.45%和8.05%。

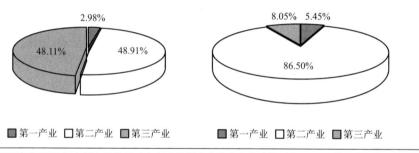

图2-4　2023年与2022年内蒙古自治区三大产业民营企业从业人数占比（左：2023年；右：2022年）

从产业和企业规模情况来看，如图2-5所示，在2023年调研的微型企业中，第一产业占比5.97%，第二产业（制造业等）在微型企业中的占比为15.63%，第三产业（服务业等）在微型企业中占比最高，达78.41%，这从一定程度上反映了微型企业的从业方向主要在于服务业。小型企业中第一产业占比为5.83%，第二产业为40.78%，第三产业为53.40%。中型企业中第一产业的占比为29.73%，第二产业为18.92%，第三产业为51.35%，这表明中型企业在第三产业有明显的活跃度。大型企业中，第一产业占比为42.86%，第二产业为28.57%，第三产业为28.57%。总体而言，第三产业在各类规模的民营企业中均占比较高，特别是在微型企业中占比最高。而第一产业则在大型企业占比最高。

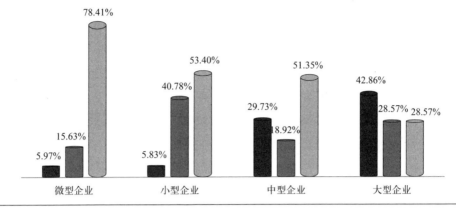

图2-5　2023年内蒙古自治区三大产业分规模民营企业占比

3. 民营企业管理结构

有效的公司法人治理结构是现代企业制度建设的核心，现代公司治理结构能够提高内部人员履职的专业性和有效性。如图2-6所示，2023年，内蒙古自治区的民营企业中设置"股东会、董事会、监事会"等法人治理结构的微型企业占比为4.87%，小型企业为10.68%，中型企业为10.81%，大型企业为14.29%。这可能受到所采集样本中小微型企业占比更高的因素影响。反观2022年，所调研的民营企业中有法人治理结构的微型企业占比为6.40%，小型企业为25.00%，中型企业为34.43%，大型企业为87.50%。在过去的一年里，无论是新成立的公司还是现有的公司，都需积极建立健全的法人治理结构。

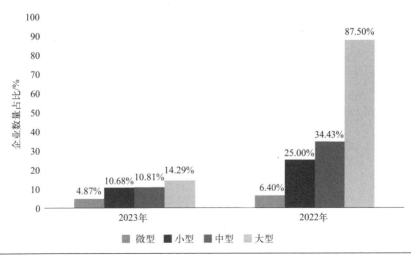

图2-6　2023年与2022年内蒙古自治区民营企业法人治理结构比较

（二）民营企业的生产经营状况

1. 生产与停产

企业正常生产情况反映着民营经济是否处于健康稳定运行的状态。由图2-7可以看到，内蒙古自治区2022—2023年各行业民营企业正常生产的情况。2023年处于正常生产状态的民营企业占比有所提升，71.98%的民营企业处于正常生产状态，比2022年高出10个百分点。2023年仅有18.75%的民营企业处于半停产状态，远低于2022年29.70%的民营企业占比。2023年停产企业占比为7.66%，与2022年持平。2023年有1.61%的民营企业超负荷生产，2022年仅有0.96%的民营企业超负荷生产。这在一定程度上意味着经历了疫情经济低迷的阶段，民营企业的生产情况开始有所改善。

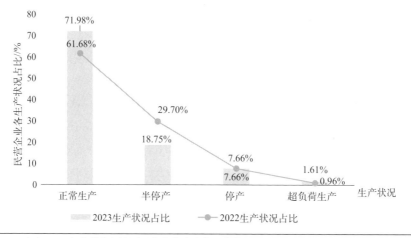

图2-7　2023年与2022年内蒙古自治区民营企业生产状况比较

从各行业情况来看，2023年，多数行业的民营企业在继续正常生产。建筑业、科研行业、金融业、邮政业等行业中的民营企业保持正常生产的占比达100.00%，房地产业、信息服务业、交通运输业、水电燃热业也有相对较高的企业处于正常生产状态，比例均超过80%（见图2-8）。

与2022年相比，内蒙古自治区各行业民营企业正常生产行业比重差异较大的前三位分别为：科研技术业、水电燃热业、信息服务业。2023年大部分行业的正常生产比例有所增加，如租赁商务业在2022年的正常生产比例为65.52%，2023年上升到78.57%，批发零售业从31.00%上升到40.63%，这表明后疫情时代各行业企业逐步恢复了生产经营活动。

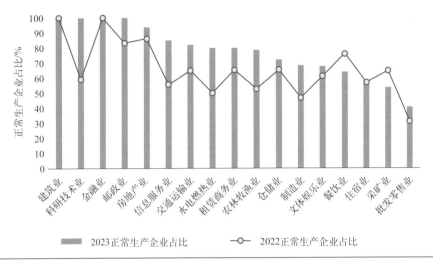

图2-8　2023年与2022年内蒙古自治区各行业民营企业正常生产情况比较

2.盈利与亏损

2023年调研企业的生产情况和2022年基本保持一致。略有盈利的民营企业占比最高，达28.62%，盈利很好和较好的民营企业占比分别为5.44%和10.48%。值得注意的是，处于亏损和严重亏损状态的民营企业占比总和为30.85%，这一比例相对较高，说明内蒙古自治区民营企业在经营过程中仍然面临着较大的市场风险和生存压力（见图2-9）。

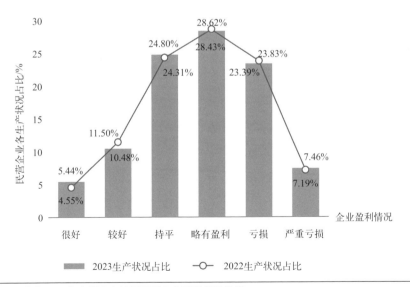

图2-9　2023年与2022年内蒙古自治区民营企业盈利状况比较

从亏损企业的行业分布来看，2023年，文体娱乐业的亏损企业占比最高，达21.57%；农林牧渔业的亏损企业占比次之，为12.42%，批发零售业的亏损企业占比第三，为11.11%（见图2-10）。相较2022年，调研企业中亏损行业的占比有所变化。批发零售业的亏损企业占比从2022年的20.08%下降到2023年的11.11%；制造业亏损企业的占比从2022年的20.08%下降到2023年的8.50%，一定程度上反映出市场需求的逐步回暖，这两类企业在经营上采取了更为稳健经营策略去适应市场变化。科研技术业亏损企业占比有所增加，从2022年的0.77%上升到2023年的3.27%。在其他行业中，如建筑业和农林牧渔业，亏损企业的占比相对较稳定或略有增加。受复杂多变的市场环境影响，这些行业或面临更多的市场经营压力与挑战。

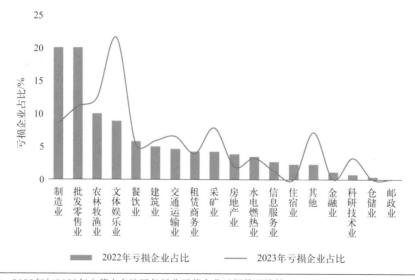

图2-10　2023年与2022年内蒙古自治区各行业民营企业亏损状况比较

各规模民营企业不同盈利情况代表着民营企业在经营和市场适应性方面的差异。图2-11反映了2022—2023年内蒙古自治区各种规模民营企业盈利情况，大型企业由于调研样本覆盖度有所降低而呈现较高亏损偏差，中型企业亏损比例有所增加，小微企业的亏损占比均有轻微降低。具体来说，微型企业的亏损占比从2022年的32.72%下降到2023年的29.23%，小型企业从35.11%下降到33.98%。小微型企业的亏损占比虽有所降低，但降幅相对较小，反映了小微规模的企业在适应市场变化上有一定的灵活性和韧性。中型企业的情况则相对不乐观，亏损占比的上升意味着这类企业在经营管理、市场定位或成本投入上或有待调整。

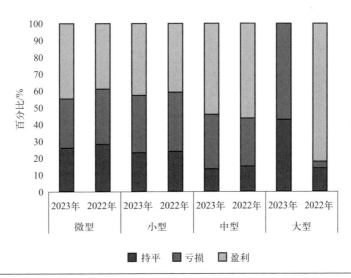

图2-11 2023年与2022年内蒙古自治区民营企业分规模盈利状况比较

3.营业收入

为推动民营经济的健康可持续发展,内蒙古自治区2018年颁布了《关于促进民营经济高质量发展若干措施》。过去的几年,内蒙古自治区大多数民营企业整体经营状况呈良好态势,但是受整体经济发展速度放缓等因素影响,部分行业和企业经济发展受到波动。

图2-12展示的是内蒙古自治区不同产业民营企业2020—2022年的年均营业额表现。民营企业中,这三年第一产业的年均营业额为254821.20万元,第二产业为697537.21万元,第三产业为598775.05万元。

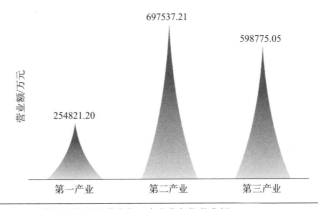

图2-12 2020—2022年内蒙古自治区民营企业三大产业年均营业额

从各行业的营业额来看,内蒙古自治区年均营业额排名较为靠前的有金融业、采矿业、制造业、建筑业、农林牧渔业、交通运输业、水电燃热等行业，这些行业以第二产业为主，第一产业次之（具体见表2-1）。

表2-1　2020—2022年内蒙古自治区各行业民营企业年均营业额

行业	2020—2022年行业年均营业额/万元
金融业	11479.80
采矿业	7778.44
制造业	7323.75
建筑业	6468.29
农林牧渔业	5928.17
交通运输业	3770.16
水电燃热业	2254.00
房地产业	1230.93
批发零售业	995.25
科研技术业	359.10
租赁商务业	170.00
餐饮业	167.13
邮政业	146.50
信息服务业	99.06
文体娱乐业	75.48
住宿业	23.33
仓储业	8.00
其他	5267.85

（三）民营企业的决策主体和社会责任

对内蒙古自治区民营企业履行社会责任以及民主参与情况进行分析，可为弘扬企业家精神、促进内蒙古自治区民营企业更好履行社会责任提供有益思路，为内蒙古自治区民营经济高质量发展助力。

1. 民营企业决策主体

民营企业内部管理的最高决策权映射着企业权力结构。权力结构的合理设置，一方面能够使企业家的决策更加科学；另一方面能够减少和克制权力膨胀，更好地鼓励多元主体参与企业管理和决策。

较大的企业由于其运营的复杂性、股东和投资者的要求、对于合规和透明度更加关注，而更倾向于建立法人治理结构。小型企业和微型企业由于资源限制或管理需求相对较少，尚未形成完善的法人治理结构，这也带来了企业决策模式和民主参与的变化。

根据图2-13，可以分析2022—2023年内蒙古自治区民营企业在重要事项决策主体上的差异性。在2022年，主要资本出资人在企业重要事项的决策中占有最大的比例，为41.32%，其次是股东会占19.34%。如职业经理人和董事会的参与程度较低，分别为14.87%和14.58%。

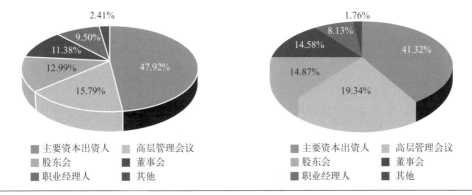

图2-13　2023年与2022年内蒙古自治区民营企业重要事项决策者比较（左：2023年；右：2022年）

2023年调研企业中，主要资本出资人在企业决策中的占比有所增加，为47.92%，这些主体在企业重要事项决策中的影响力进一步加强。与此同时，调研企业中，股东会的影响力相较去年有所减少，为12.99%，职业经理人和董事会的占比也有所下降。

从内蒙古自治区民营企业的决策者兼任的社会职务情况来看（图2-14），2022年，调研民营企业中决策者有近半数（49.11%）兼任社会职务。这些企业决策者在社会中具有更强的社会联系及影响力。2023年，在调研企业中这一比例有所下降，只有20.08%的企业决策者兼任社会职务。这一变化显示出社会环境的变化可能使得企业决策者要更加专注于企业的主要业务，企业决策者要减少分散其注意力的外部职责，更专注于企业的核心运营和战略规划落实。

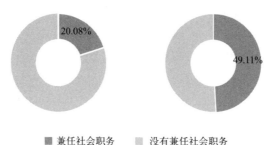

图2-14 2023年与2022年内蒙古自治区民营企业决策者兼任社会职务情况比较（左：2023年；右：2022年）

内蒙古自治区民营企业中的决策者兼任社会职务的情况与企业规模相关，相较于微型企业，大型和中型民营企业决策者兼任社会职务的占比更高。在2023年的调研数据中，大型企业中有33.33%的决策者兼任社会职务，中型企业中有43.75%兼任社会职务，这在所有企业规模中占比最高。相比而言，小型企业占比32.50%，而微型企业最低，为18.73%（见图2-15）。

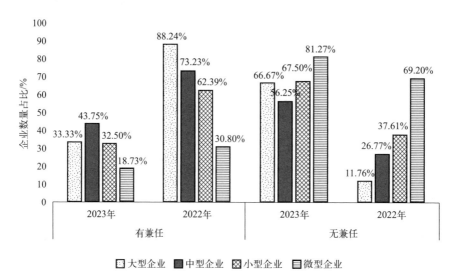

图2-15 2023年与2022年各规模民营企业决策者社会兼任情况比较

2023年各规模民营企业决策者兼任社会职务的比例有显著下降，这一特点在大型企业中的变化尤为显著，其决策者兼任社会职务的比例从2022年的88.24%下降到2023年的33.33%。民营企业决策者正在减少其在外部职务上的时间和精力投入，选择专注于企业内部事务。

对民营企业决策者有社会兼职情况的具体分析发现（见图2-16），2023年民营企业的社会兼职主要集中于社会组织领导职务（22.04%）、市/县政协委员（10.75%）、

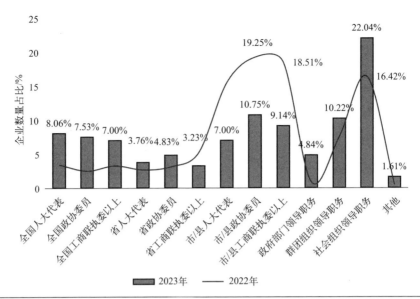

图2-16　2023年与2022年内蒙古自治区民营企业决策者社会兼职情况比较

群团组织领导职务（10.22%）三种类型。2022年的数据中，民营企业决策者兼任市/县政协委员的比例为最高（19.25%），其次为市/县工商联执委（18.51%），第三位为社会组织领导职务（16.42%）。相较而言，2023年民营企业兼任社会职务的分布更加均匀。民营企业积极承担的各类社会兼职，或能有助于更好地服务于企业社会资本的扩大。

2.民营企业社会责任

社会责任部门的设置与企业发展规模有直接关系。相较于中小微型民营企业，大型民营企业组织部门设置更加完整，也更重视企业社会责任的履行。从调研数据来看，2023年企业承担社会责任的比例总体上略有增长，为79.72%（见图2-17）。

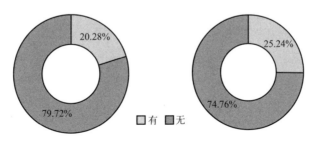

图2-17　2023年与2022年内蒙古自治区民营企业社会责任部门的设置比例比较
（左：2023年；右：2022年）

图2-18反映了内蒙古自治区各规模民营企业设立社会责任部门的情况。在2022年，大型企业中有56.86%设置了社会责任部门，这在所有规模企业中占比最高，中型企业为29.13%，小型企业为25.22%，而微型企业为20.46%，企业规模的扩大驱动企业承担更多的社会责任。2023年，不同规模企业设立社会责任部门的占比有所减少，大型企业占比下降至42.86%，相较于其他规模的企业仍然最高。而中型企业的比例为21.62%，小型企业为19.42%，微型企业为19.32%，占比均有所下降。这说明企业在面对经济困境时会调整企业资源分配，会在短期内减少对社会责任的投入。

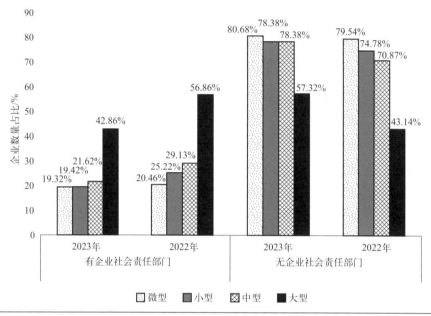

图2-18　2023年与2022年内蒙古自治区分规模民营企业社会责任部门设置比较

尽管受到外部经济因素的影响，但大型民营企业通常更倾向于维持或增设社会责任部门，承担更多社会责任。企业社会责任部门的存在通常意味着企业对社会责任的承诺，这对于提高企业形象和品牌价值、建立客户信任以及吸引投资者和合作伙伴都有积极影响。

影响内蒙古自治区民营企业承担社会责任的因素有很多，通过赋值比较计算得分，得出8个影响因素的重要程度。其计算方法为：对被调研者选出的三个不同程度的社会责任影响因素进行赋值，在选中的三个选项中，根据重要程度由高到低分别赋值为3分、2分和1分，最终计算出8个影响因素的重要性得分情况。

如图2-19所示，首先，2022年和2023年"企业自身发展情况"均是影响企业承担社会责任的首要因素，企业的发展情况包含发展历程、企业规模、经济实力、财务状况、战略规划等，自身发展情况良好的企业也更有实力承担社会责任。其次，与2022年相比，2023年一个突出的变化是"政策支持力度"成为影响企业承担社会责任的第二大因素，其影响力显著上升。这说明了政策在推动企业承担社会责任方面起到重要作用。政府可以通过制定政策和政策宣传引导企业行为，如提供税收优惠、财政补贴等方式激励企业，并对企业承担社会责任行为进行监督和约束。复次，"法律约束"在2023年的影响程度排名第三，相较于2022年略有下降，说明民营企业承担社会责任的主动性逐渐加强。最后，"企业文化理念""企业家个人意识""社会效益大小""其他企业承担责任程度""社会舆论"等也是影响民营企业承担社会责任的因素，其影响程度依次递减，这一情况与2022年基本一致。

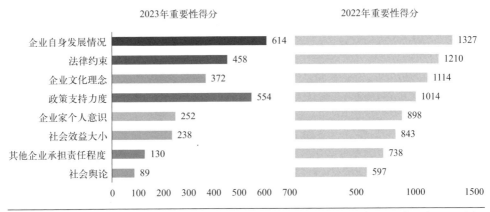

图2-19　2023年与2022年内蒙古自治区民营企业承担社会责任的影响因素比较（左：2023年；右：2022年）

（四）民营企业的发展困境

民营企业在发展过程中会面临着各种问题，近年来受经济形势不稳定影响，民营经济的发展潜藏着诸多危机。本部分从融资、市场环境、政策法治环境、人才和管理水平等企业发展的内外部因素出发，探究民营企业面临的发展困境（见图2-20）。

1. 人才短缺成为瓶颈

图2-20显示了内蒙古自治区民营企业面临的管理困境。在首要困境的影响因素中，"人才短缺"是大量民营企业面临的最大困难。受地域限制，人才流失是内蒙古自治区民营企业面临的最突出问题。一方面，企业需要在薪酬、职业发展机会以及

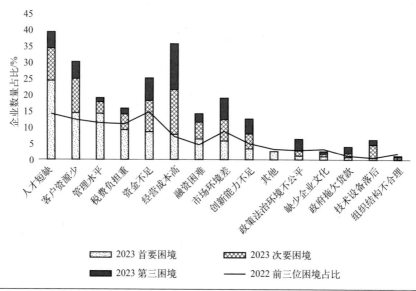

图2-20　2023年与2022年内蒙古自治区民营企业面临的管理困境

工作环境上做出更具吸引力的调整；另一方面，政府应当广开渠道，大力引进人才，留住人才，让人才真正为民营企业服务。

2. 管理效率亟待提升

在综合困境比例分析中，"客户资源少""管理水平低""经营成本高"等市场竞争下的企业管理问题也是众多民营企业面临的困难，虽然可能不是多数企业的首选困难，但它在第二选择和第三选择中的比例相对较高。在激烈的市场竞争下，如何提升民营企业的管理水平，提高管理能力，也是一个不可忽视的挑战。

3. 资金筹集面临困难

"税费负担重""资金不足""融资困难"也是民营企业面临的重要困难。这可能与民营企业固定资产规模小、银行贷款条件苛刻有关，或者由信贷政策的收紧、市场流动性减少等原因造成。此类困境对于企业的扩张和日常运营均构成直接影响，企业可能需要寻求更多的融资途径来增强自身的融资能力。同时，政府和金融机构应针对民营企业的行业和规模特点，提供更加灵活多样的融资产品和服务，尽力帮助企业克服融资难题。

三、

内蒙古自治区民营企业融资和资源获取

在当今的经济环境中，融资和资源获取在企业的成长和发展过程中发挥着至关重要的作用。内蒙古自治区作为一个经济多元化发展且拥有丰富资源的地区，民营企业在融资和资源获取方面面临着独特机遇与挑战。一方面，民营企业可以依托内蒙古自治区丰富的自然资源和逐渐成熟的市场条件，寻找多元化发展机会。另一方面，有限的融资渠道、日趋激烈的市场竞争以及如何对资源进行更加有效的管理和利用，仍然是这些企业面对的现实难题。在国家强调高质量发展和经济结构优化升级的背景下，内蒙古自治区民营企业如何有效利用可用资源、如何解决融资难题，以及如何通过创新和战略规划来加强其在市场中的竞争力，成为一个值得深入探讨的话题。

（一）民营企业融资情况

融资作为企业筹措资金的重要方式，可在企业资金短缺时以最小代价筹措到适当期限、适当额度的资金，从而使企业及其内部各环节间的资金供求从不平衡走向平衡。本部分将对内蒙古自治区民营企业的融资情况展开详细分析。

1. 企业融资困难比例总体呈下降趋势

将内蒙古自治区民营企业融资的难易程度划分为"容易""一般"和"困难"三个等级。如图3-1所示，2022年被调研企业认为融资"容易"的占比7.57%，认为融资难度"一般"的占比42.92%，认为"困难"的占比最大，为49.51%。相比之下，2023年对融资难易的企业认知未发生显著变化。认为融资"容易"的企业占比为7.60%，认为融资难度"一般"的企业占比为43.30%，认为融资"困难"的企业占比49.10%。

从整体上看，认为融资"困难"的企业占比最大。解决融资困难问题，需要政策制定者和金融机构携手合作，为企业融资提供更多的支持和解决方案，帮助企业更便利地进行融资，从而得到更好的成长和发展。

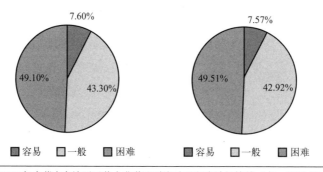

图3-1　2023年与2022年内蒙古自治区民营企业获取融资难易程度认知比较（左：2023年；右：2022年）

关于民营企业在融资过程中是否遇到歧视的问题，2022年和2023年的调研数据发生了较小变化。如图3-2所示，2023年认为遭受过融资歧视的企业占比为6.25%，而"未被歧视"的为47.02%，不清楚是否遭受融资歧视的企业占比为46.73%。2022年认为遭受过融资歧视的企业占比为7.67%，而没有遭遇过融资歧视的比例为53.04%，不清楚是否遭遇过融资歧视的企业比例为39.29%。

从2022年到2023年，认为遭受融资歧视和未遭受融资歧视的企业比例均有下降，不清楚是否遭遇融资歧视的企业比例有所上升。一方面，融资市场对民营企业的要求变得更加严格，融资条件更加具有挑战性；另一方面，认为遭受融资歧视的企业比例的轻微下降可能表明，民营企业的融资环境得到了一定改善，一些之前遭遇过歧视的企业可能已找到了融资方法。未遭遇融资歧视的民营企业占比近半，表明融资过程存在的不公平现象相对较少，并采取相应的措施来确保民营企业能在一个平等且充满支持性的环境中获取资金。同时，这也提示企业需要更加关注自身的融资策略和信用建设，在改善与金融机构关系的基础上，不断提高自身获取资金的能力。

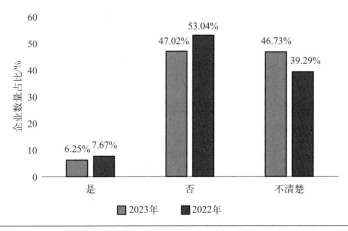

图3-2 2023年与2022年内蒙古自治区民营企业遭受融资歧视情况比较

对融资难度的感知在各规模企业中呈现出不同变化。从图3-3可知，与2022年相比，2023年认为融资"困难"的企业比例在微型企业中减少，而在小型、中型和大型企业中都相对增多。这表明对一定规模以上的企业来说，融资需求的增加导致其具有更多的融资压力。

进一步比较2023年与2022年各类型企业融资难易程度认知差异，可以看出所调研的微型企业在2023年感受到的融资难度有所下降。与此同时，大中型企业则感受到更大的融资难度，可能是因为企业规模的增大带来了更高的融资额度要求，从而面临更严格的融资审批要求和更复杂的融资流程。

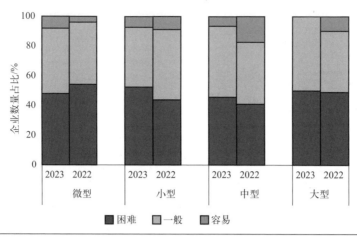

图3-3　2023年与2022年内蒙古自治区各规模民营企业融资难易程度认知比较

　　进一步分析不同行业间融资难易程度的差异，从图3-4中可以看出，大部分行业的企业认为融资难易程度为"一般"，表明大多数企业认为其在融资时遇到的困难和挑战是可预期的。然而，也有一部分行业的企业认为融资"困难"，可能是因为这些行业的特殊性，如资金需求量大、风险高、受宏观经济和行业政策影响大，阻碍了企业的正常融资。此外，受市场环境整体紧张，以及融资机构融资条件严格影响，认为融资"容易"的企业占比则相对较小。

　　具体到各行业，高新技术服务业和信息传输业的企业感觉融资更为"困难"。因为此类行业需要的初始投资较大，而其商业模式和收益模式清晰度有待提升，从而

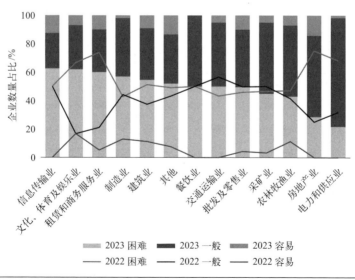

图3-4　2023年与2022年内蒙古自治区各行业民营企业融资难易程度认知比较

加大了其进行融资的难度。而传统行业的企业在融资上相对容易一些，因为这些行业有着更加成熟和稳定的收益模式，更容易被投资者接纳和认可。

内蒙古自治区民营企业融资难易程度存在地区差异。从图3-5可以看出，大多数地区的民营企业认为融资"困难"，这一点几乎在所有盟市中都比较明显。在当前的经济环境下，无论地域，民营企业都普遍面临着融资难题。这种困难往往源于多个方面，如银行贷款条件严格、风险投资不足、企业信用记录不完善以及市场波动造成的不确定性等。只有少数盟市的企业认为融资"一般"或"容易"，如阿拉善盟、乌兰察布市、通辽市等，可能源于这些地区拥有更完善的金融服务、更多的融资渠道以及当地政府所提供的适恰支持等。

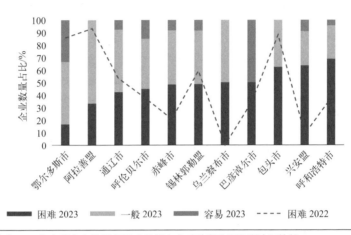

图3-5　2023年与2022年内蒙古自治区各盟市民营企业对融资难易程度认知比较

比较2022年与2023年内蒙古自治区各盟市民营企业对融资难易程度的认知发现，2023年与2022年相比，大部分盟市的企业对融资难度的感知都有变化。阿拉善盟和包头市认为融资"困难"的比例大幅下降，这可能意味着融资环境方面得到了改善。相反，乌兰察布市和兴安盟的情况则有所恶化，认为融资"困难"的企业比例进一步增加，从而指向了这些地区更加严峻的融资环境。

从整体趋势来看，2023年认为融资"困难"的企业比例总体呈下降趋势，表明融资政策上可能有所放宽，使得更多的资金流入市场，企业也因此更容易获得资金。尽管如此，仍然有大量企业认为融资"困难"，融资困难依然是内蒙古自治区民营企业面临的一个重大挑战。

2. 不同盟市在贷款比例上呈现出差异

内蒙古自治区的民营企业在经营中对贷款资金有需求，但绝大多数民营企业能够通过其他方式维持企业的正常经营运转。图3-6显示了调研时间前一年内蒙古自治区民营企业的贷款情况对比，从2021年到2022年，没有贷款企业比例有所减少。2022年，65%的企业没有贷款，而2021年75%的企业没有贷款，进一步显示出经济环境的紧张以及贷款条件对企业融资渠道和金额的影响。

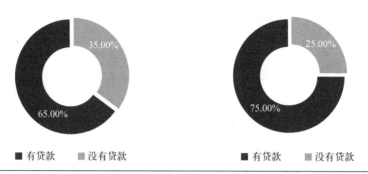

图3-6　2022年与2021年内蒙古自治区民营企业贷款情况比较（左：2022；右：2021）

2021年和2022年不同规模民营企业贷款情况也发生了明显变化。图3-7显示，小型、中型和大型企业有贷款的企业数量占比均有所下降，其中小型企业变化最为明显，由2021年的42.04%下降到2022年的16.30%，中型企业次之，由2021年的48.03%下降到2022年的28.60%，大型企业变化幅度最小，由2021年的26.16%下降到2022年的22.20%，2022年微型企业中有贷款企业数量占比较上年提高了近五个百分点。

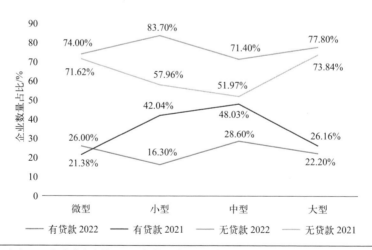

图3-7　2022年与2021年内蒙古自治区不同规模民营企业贷款情况比较

内蒙古自治区各盟市民营企业的贷款情况也存在地区差异。图3-8展示了2021年和2022年内蒙古自治区各盟市民营企业的贷款情况。通过对比两年间的数据，可以观察到各盟市民营企业贷款比例的变动情况。在贷款比例的年度变化方面，呼和浩特、包头、赤峰、乌兰察布、阿拉善在2022年的贷款比例有所上升，其中乌兰察布市的贷款比例上升最为明显，由2021年的12.50%上升到62.50%，这可能反映了当地融资环境的改善，或者企业融资需求的增加。相反，通辽、呼伦贝尔、兴安、巴彦淖尔、锡林郭勒、乌海的民营企业贷款比例相对降低，这可能由于当地的融资难度增加、经济收紧或信贷条件变严等原因。不同盟市之间在贷款比例上的差异可能与当地经济状况、政策环境、行业结构等有关。

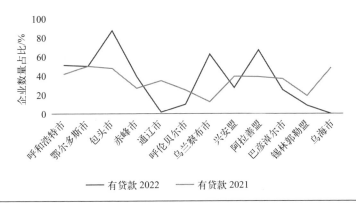

图3-8　2022年与2021年内蒙古自治区各盟市民营企业贷款情况比较

比较内蒙古自治区民营企业上一年最大一笔金额贷款来源，可知内蒙古自治区民营经济的主要贷款渠道。图3-9比较了内蒙古自治区民营企业在2021年与2022年最大一笔金额贷款来源。从左至右，折线图的阴影面积代表了选择特定贷款来源的企业比例，且每个来源的比例按降序排列。由图可知，在2021年，民营企业获得最

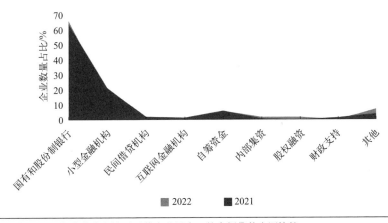

图3-9　2022年与2021年内蒙古自治区民营企业最大一笔金额贷款来源比较

大金额的贷款来自国有和股份制银行，其次是小型金融机构。总体来看，这两年内蒙古自治区民营企业贷款来源的渠道未发生显著差异。

从贷款周期来看，内蒙古自治区民营企业贷款多为12个月左右的短期贷款。图3-10显示的是内蒙古自治区样本民营企业2021年和2022年最大一笔贷款的贷款期限对比。2021～2022年，最大一笔贷款期限为24个月及更长期限的企业占比较低，贷款期限为12个月的企业占比最高，在2021年更是达到68.97%。然而，在2022年，这个比例较2021年有所下降，反映了民营企业贷款难度的进一步增加。

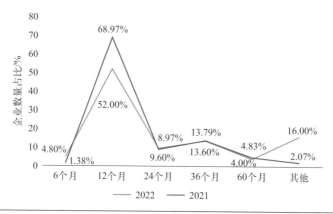

图3-10　2022年与2021年内蒙古自治区民营企业最大一笔贷款期限比较

（二）民营企业政策扶持情况

产业政策扶持是指中央或地方政府在制定某一时期的发展规划时，依据本地的实际情况，采取对某些行业或部门重点扶持、优先发展的政策措施，以求这些行业或部门能够快速有效发展，最终带动其他产业乃至整个地区的发展。本部分将对内蒙古自治区民营企业的政策扶持情况进行分析。

1. 政策扶持存在规模行业差距

不同规模的民营企业获取的政策支持具有一定差异性。图3-11显示了2022年与2023年内蒙古自治区不同规模民营企业获得政策支持的情况。图中柱状图的高度分别代表微型、小型、中型、大型企业在两个不同年份获得政策支持的比例。

从图3-11可以看出以下趋势：一是微型企业未获得过政策支持的比例在2023年有所下降，由95.63%降至92.11%；二是小型企业在2023年未获得过政策支持的比例有所上升，由85.40%上升至90.65%；三是中型企业未获得过政策支持的比例在2023

年显著上升，由69.29%上升至89.80%；四是大型企业未获得过政策支持的比例在2023年有所下降，由80.39%降至77.78%（见图3-11）。

图3-11　2023年与2022年内蒙古自治区各规模民营企业获得政策支持情况比较

尽管中小型企业在2023年获得的政策支持力度有所降低，但微型和大型企业获得的支持呈现出明显上升。这在一定程度上反映了政策重点的转移，以及不同规模企业对政策支持的需求和反应的差异。

图3-12展示的是2023年内蒙古自治区不同行业民营企业获得政策扶持的情况。大多数行业获得政策扶持的比例较低。相对而言，电力及水生产和供应业获得政策扶持的比例相对较高，达到29.41%，建筑业和房地产业所获政策扶持比例分别位居第二

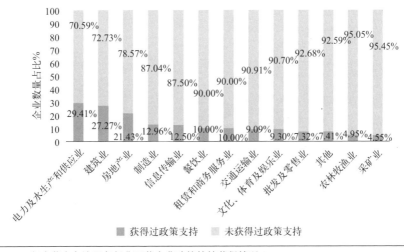

图3-12　2023年内蒙古自治区各行业民营企业政策扶持获得情况

位和第三位，分别为27.27%和21.43%。这些行业通常与公共利益和民生紧密相关，反映了政府对基础设施和公共服务行业的重视。政策扶持可能包括税收优惠、资金补贴或其他支持措施，旨在保障这些行业的稳定运营，确保民众的基本生活需求得到满足。

除电力和供应业、建筑业和房地产业之外，其他行业获得政策扶持的比例普遍不高。政策扶持在不同行业之间存在差异的原因是多方面的，如一些行业可能因为技术升级、绿色转型或创新发展的需要而获得政策上的倾斜；再如，一些行业可能因市场环境的变化或行业本身的发展阶段而获得更多或更少的政策扶持。此外，政策扶持的获取不仅取决于政府的政策导向，还可能受到企业自身能力的影响，包括申请政策扶持的积极性、了解相关政策信息的程度以及筹备申请材料的能力等。对于企业而言，以上数据可以帮助企业家和决策者识别政策扶持的分布情况，从而更好地调整经营策略或对接政府资源。

2022年与2023年内蒙古自治区各行业民营企业政策扶持获得情况能够进一步反映政府对民营企业政策扶持情况的变化。如图3-13所示，被调研企业中仅有少数行业在2023年较2022年有一定的政策扶持增长，如房地产业、建筑业和电力及水生产和供应业等行业的政策扶持可以看到较为显著的增长。而多数行业，如交通运输业，文化、体育及娱乐业和餐饮业等行业的增长则相对平缓甚至有所下降。

对于那些在2023年获得更多政策扶持的行业，意味着有更多的投资、税收优惠或其他形式的政策支持。对于那些政策扶持减少的行业，内蒙古自治区政府可能需要评估当前的政策措施是否还适合这些行业的发展，或这些行业是否已足够成熟，无须过多的政策扶持。

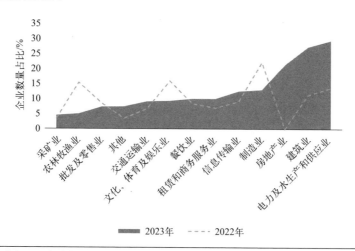

图3-13　2023年与2022年内蒙古自治区各行业民营企业政策扶持获得情况比较

2. 获得政策补贴呈现区域差异

根据内蒙古自治区的行政区划，将12个盟市划分为蒙东、蒙中、蒙西3个区域，不同区域间政策支持的获取情况如图3-14所示。2022年，蒙西地区的民营企业获得了三个区域中最多的政策支持力度，达到15.25%。但2023年蒙西地区的企业获得政策扶持的百分比为8.90%，下降约6个百分点。蒙东地区企业在两年中获得政策扶持的比例均超过10.00%，一定程度上意味着蒙东地区的民营企业环境更加稳定，政府针对该地区的扶持政策相对较为有力。

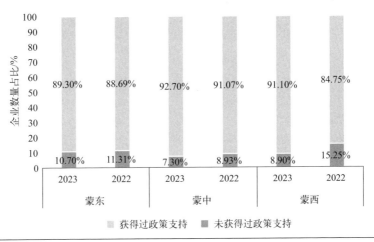

图3-14　2023年与2022年内蒙古自治区各地区民营企业获得政策扶持情况比较

从整体趋势来看，2023年内蒙古自治区调研企业所获得的政策扶持比例有所减少，可能会对那些依赖政府支持的民营企业产生影响。这些企业可能需要寻找其他的成长动力，如市场需求的变化、技术创新或新的商业模式等。如果政策扶持是为了促进特定地区的经济发展或缓解区域发展不均衡的问题，那么这种减少可能是暂时的调整，未来可能会根据实际情况进行优化和重新分配。

内蒙古自治区民营企业获得政策扶持的情况具体到各盟市的差异则更为显著。如图3-15所示，呼和浩特、包头、呼伦贝尔、兴安、锡林郭勒的民营企业在2023年获得的扶持较2022年有显著增长，通辽、赤峰的民营企业在2023年获得政策扶持的比例有所下降。内蒙古自治区的政策扶持呈现出动态调整的趋势，反映了区域发展策略的变化和对经济形势的响应。不同盟市的政策扶持变化也意味着民营企业需要适应政策环境的变动，寻找新的发展机会。政府在制定扶持政策时，应当考虑到各盟市的具体情况，包括产业特点、企业需求以及经济发展趋势等，以实现政策的精准实施和有效支持。

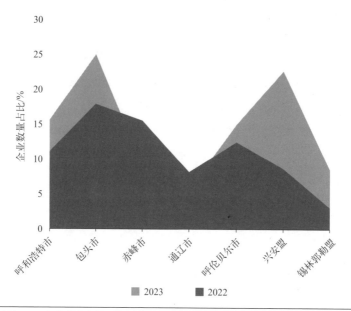

图3-15　2023年与2022年内蒙古自治区各盟市民营企业获得政策扶持情况比较

四、

内蒙古自治区民营企业

科技创新

科技创新在经济转型升级中发挥着至关重要的作用，是推动现代经济增长的关键驱动力。内蒙古自治区积极贯彻并实施了一系列科技创新政策，包括创新平台载体的建设、创新激励和保障机制的完善、产学研的深度融合、科技体制的改革以及加强研发投入的攻坚行动等，旨在明确科技创新发展方向以确保规划的全面实施。

近年来，内蒙古自治区以科技创新为引领，将产业链和供应链紧密结合，并在农牧业、制造业、新材料、新能源等关键领域推动一系列重大科技项目的实施。借此，内蒙古自治区不仅成功打造了高新技术创新中心，还建立了高新技术产业示范区，为科技创新提供了示范效应。为深入实施"科技兴蒙"行动，内蒙古自治区着力发挥科技创新在推动高质量发展和构建新发展格局中的作用，出台了一系列支持政策，旨在鼓励企业加大科技创新的投入，促进科技成果的转化，并强化企业在创新过程中的主体地位。这些政策不仅有效激发了企业创新升级的积极性，也为区域经济的高质量发展带来了广泛的推动作用。

（一）民营企业科技创新整体性分析

本部分将从内蒙古自治区民营企业的科技创新转型认知、科技创新实践投入和科技创新人才需求三方面展开讨论。

1. 科技创新转型认知

2023年内蒙古自治区民营企业在科技创新转型升级的态度相较于2022年发生显著变化。如图4-1所示，将科技创新纳入长期发展战略并逐步实现的企业占比下降了6.81%。一方面由于企业受到科技创新在成本和资源分配方面的压力，尤其是中小企业面临资金、技术及人力资源方面的限制，难以承担长期高额的科技创新投入；另一方面，企业受自身发展影响无法客观有效评估科技创新项目的风险和回报。28.23%的企业认为科技创新转型升级应以维稳为主，不需要过多的创新计划，这主要基于企业对现有业务模式的信心依旧处于探索当中，对科技创新带来的新业务的不确定性及面临风险的担忧，表明企业在追求增长和创新的同时，也非常重视现有业务的稳健运营和风险控制。与2022年相比，认为转型升级所需成本过大或无须转型升级的企业在2023年增长了5.78%（见图4-1），表明一些企业对科技创新转型的必要性和紧迫性持保留态度，认为在目前的市场和业务环境下，现有的运营模式仍然有效，转型升级的成本和难度超出了企业可承受范围。

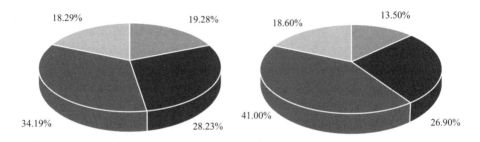

18.29%　19.28%　18.60%　13.50%
34.19%　28.23%　41.00%　26.90%

■ 转型升级所需成本过大或无需转型升级，完全不考虑
■ 以维系稳定为主，不需要过多的创新计划
■ 将科技创新纳入长期发展战略中，并在未来逐步稳定实现
■ 发展进入一定的瓶颈期，亟须进行转型升级

图4-1　2023年与2022年内蒙古自治区民营企业对科技创新转型升级的态度比较（左：2023年；右：2022年）

综合来看，2023年内蒙古自治区民营企业在科技创新转型升级上面临着多重考量，不仅需要应对科技创新带来的机遇和挑战，也要在维持业务稳定和控制成本风险的基础上，审慎推进创新计划。未来，民营企业要有清晰的创新战略，同时要具备灵活的市场应对能力和稳健的财务管理能力。这为政府和相关机构在制定支持政策和服务时提供了重要参考，即应在激励创新和保障企业稳定发展之间找寻平衡点。

2023年内蒙古自治区民营企业对科技创新支持政策的关注较2022年呈现出明显变化。受访的民营企业普遍认为梯次培育科技企业是科技创新支持政策的首要因素，在推动科技创新和产业发展过程中，应当注重企业成长阶段的差异化需求，并提供相应的政策支持和资源配置。2023年民营企业对于梯次培育科技企业的关注度相较2022年提高了11.21%（见图4-2），表明企业逐渐意识到通过分层次、多样化的政策支持培育科技型企业的重要性。

内蒙古自治区民营企业特别关注重点领域（项目）的技术创新，包括新能源、环保技术、智能制造、大数据等领域，企业对政府在这些领域提供更多技术支持、政策指导和资金投入等具有较大诉求。此外，民营企业也普遍强调加强科研经费补贴的必要性。科技创新往往需要高昂的研发投入，对于许多中小型民营企业而言，有效的科研经费补贴不仅可以减轻其财务压力，还能激励它们进行更多的创新尝试。

内蒙古自治区民营企业在科技创新方面呼吁更加多元化和精准化的政策支持，包括人才培养和引进、针对不同类型企业的梯次培育、重点技术领域的支持以及科研经费的补贴等。这些措施的有效实施，将对促进地区科技创新能力的提升和经济结构的优化升级发挥关键作用。

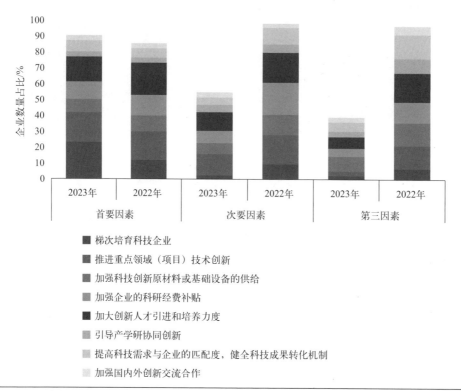

图4-2　2023年与2022年内蒙古自治区民营企业对科技创新支持政策的关注因素对比

2. 科技创新实践投入

内蒙古自治区民营企业在科技创新实践方面也面临着挑战，主要存在经费不足问题。超半数民营企业在科技创新方面没有投入经费，较2022年上升了11.93%（见图4-3）。民营企业在面对宏观经济下行压力、市场不确定性增加或资金链紧张等问题时，会优先保证企业的日常运营和短期生存，尤其是对于那些资金和资源有限的中小型企业而言，维持现金流和市场地位往往比长期投资更加重要。

科技创新经费投入减少也意味着企业在技术更新和产品升级方面的步伐放缓，对企业的持续竞争力构成潜在威胁。在数字化转型的背景下，持续的技术创新是企业保持竞争优势的关键。若民营企业普遍减少对科技创新的投入，将对自治区的产业结构升级和经济质量发展产生不利影响。

专利作为技术创新和知识产权保护的重要体现，其数量和质量直接关系到企业竞争力和行业技术进步。2023年内蒙古自治区民营企业的专利持有量出现了一定程度下降，84.89%的企业没有申请任何专利（见图4-4），表明多数企业在研发和创新

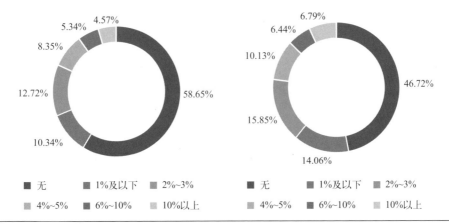

图4-3 2023年与2022年内蒙古自治区民营企业科技创新经费占主营业务收入比重对比（左：2023年；右：2022年）

实践上投入不足，在一定程度上面临专利申请、资源匮乏、知识欠缺等困境。持有1～5项专利的企业占比相较2022年下降0.19%，表明了受市场环境紧缩、研发支出压缩的早期迹象。值得注意的是，拥有10项以上专利的企业数量降低7.99%，这一显著变化表明企业的创新活动正面临危机，不仅将减缓整个行业的技术进步，同时也影响内蒙古自治区在某些关键领域的竞争力。

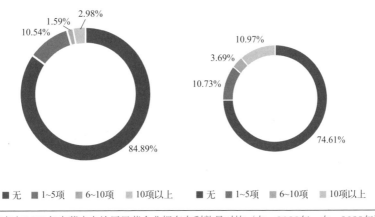

图4-4 2023年与2022年内蒙古自治区民营企业拥有专利数量对比（左：2023年；右：2022年）

3. 科技创新人才需求

人才稀缺一直是制约内蒙古自治区民营经济发展的重要问题。图4-5揭示了内蒙古自治区民营企业在专业人才需求上的变化。2023年，虽然企业对专业人才的需求出现了缩减，但在计算机、人文、语言学、物理和数学等领域的需求却有所增长，反映出区域经济发展的新趋势和企业策略的调整。计算机相关专业人才需求的增加，说明数字化转型在企业运营中的核心地位。随着新技术的迅速发展，特别是在大数据、人工智能、云计算等领域，企业更加依赖计算机技术来提升效率、开发新产品和服务。此外，人文和语言学专业人才的需求增长与企业国际化扩展、文化产业发展以及对外沟通和品牌建设的需要有关。物理和数学领域人才的需求增加则与某些产业的技术进步和创新密切相关。这些基础科学领域的专业知识对于开发新技术、研发新产品和优化生产过程至关重要。管理类专业人才的持续高需求，凸显了企业对于优秀管理人才的渴望。在经济环境变化和市场竞争加剧的背景下，企业对能够制定战略、优化资源配置和提高组织效率的管理人才更加依赖，表明企业对于提升管理水平、增强核心竞争力的重视。

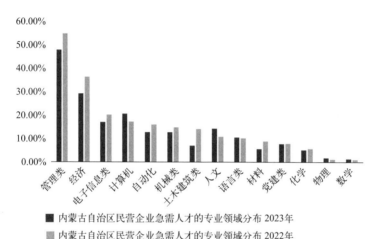

图4-5　2023年与2022年内蒙古自治区民营企业急需人才的专业领域分布对比

　　内蒙古自治区民营企业在人才配置上正逐步适应经济发展的新要求。政府和教育行业需要加强与企业的沟通，以确保教育培养的人才能够满足市场的实际需求。同时，企业也需加大在员工岗位培训、增加人才发展上的投入，特别是在那些需求增长的专业领域。

（二）民营企业科技创新行业差异

1. 多数行业企业对科技创新经费投入仍较低

　　从行业视角出发，尽管信息传输、软件和信息技术服务行业在科技创新上的投入比重最高，但大多数行业中民营企业的经费投入比重仍呈现较低态势，特别是仓储业、交通运输业、水电气暖业和批发及零售业，在创新上的经费投资相对较少。就信息传输、软件和信息技术服务业企业而言，12.50%的民营企业科技创新经费占主营业务收入的比重最高，超过10.00%，但相比于2022年民营企业数的占比量却出现了10.20%的显著下降（见表4-1）。

交通运输业的情况则相反，科技创新经费占比达10.00%以上的企业数量提升了6.22%，达到了9.52%，表明该行业的企业正在逐步加大投入，利用技术创新来提升运营效率、降低成本和改善服务。随着智能运输系统和自动化技术的发展，交通运输业的这一投资趋势可能会持续。

多数行业的民营企业在科技创新上的投入占比不足1/20。尽管各行业对科技的需求不断增长，但更可能受到资金、技术知识或创新文化的制约。为促进科技创新，政府可考虑提供更多的支持政策，如税收优惠补贴、技术咨询服务、创新资金支持，以鼓励企业增加在科技创新方面的投资。同时，通过教育和培训提高企业管理者和员工对科技创新重要性的认识，提升科技创新方面的能力。

2. 信息等行业企业专利持有量最高

在2023年民营企业专利持有情况中，信息传输、软件和信息技术服务业以及制造业表现尤为突出，其中，信息传输、软件信息技术服务行业约12.50%的企业持有10项以上专利（见表4-2），这与该行业技术快速发展的特征相吻合。制造业在专利持有量上呈现微弱增长，拥有10项以上专利的制造业民营企业占比达16.67%，比上年增长1.37%，表现出制造业在技术革新方面的活跃度。制造业作为传统行业，专利数量的增加是企业竞争力提升和市场地位巩固的关键。拥有1～5项专利的制造业民营企业占比高达44.44%，较2022年增长22.34%，这可能是政策激励或企业对研发投入的增加导致的。电力、热力、燃气及水生产领域的拥有1～5项专利的持有情况表现良好，占比17.65%，显示出在保护技术创新成果方面的努力（见表4-2）。

虽然部分行业的专利持有量表现出积极增长趋势，但还有许多行业的创新能力有待加强。政府需继续扶持企业创新发展，提供专利申请的支持和培训，鼓励企业加大研发投入，推动整个民营企业的科技创新和技术进步，提升企业可持续发展能力。

通过对比表4-3中2022年和2023年企业在不同科技创新举措的采纳情况可知，2023年增加科研投入、建设循环经济产业链、抓好科研平台建设与运营等措施的企业占比在多数行业中较2022年出现了下降。相比之下，大部分行业企业在与高校和科研院所开展合作，承担研发项目、申请专利等方面的占比相比2022年有所上升，即企业创新趋势向更加开放和合作的态势发展。与高校和科研机构的合作，不仅有

表4-1　2022—2023年内蒙古自治区不同行业民营企业科技创新经费占主营业务收入比重的对比

2023-2022　2023年	无	增减比	1%及以下	增减比	2%～3%	增减比	4%～5%	增减比	6%～10%	增减比	10%以上	增减比
农林牧渔业	56.10%	12.30%	2.44%	-13.66%	19.51%	1.31%	7.32%	0.72%	12.20%	0.29%	2.44%	-3.36%
采矿业	58.82%	25.52%	11.76%	-1.54%	8.82%	-11.18%	11.76%	-11.54%	5.88%	-0.92%	2.94%	-0.36%
制造业	27.78%	2.58%	16.67%	-4.73%	19.44%	-2.66%	16.67%	0.67%	11.11%	2.71%	8.33%	1.43%
电力、热力、燃气及水生产和供应业	70.59%	29.69%	5.88%	-25.92%	17.65%	13.15%	0.00%	-9.10%	0.00%	-9.10%	5.88%	1.38%
建筑业	23.80%	0.00%	4.35%	-8.15%	26.09%	2.29%	4.35%	-20.65%	0.00%	-7.50%	0.00%	-7.50%
批发及零售业	66.29%	2.09%	11.24%	0.04%	12.36%	-1.04%	6.74%	3.54%	0.00%	-3.20%	3.37%	-1.43%
交通运输业	71.43%	1.43%	4.76%	-5.24%	0.00%	-10.00%	9.52%	2.82%	4.76%	4.76%	9.52%	6.22%
仓储业	100.00%	57.10%	0.00%	-14.30%	0.00%	-14.30%	0.00%	0.00%	0.00%	-14.30%	0.00%	-14.30%
信息传输、软件和信息技术服务业	50.00%	22.70%	0.00%	-18.20%	12.50%	-1.10%	12.50%	8.00%	12.50%	-1.10%	12.50%	-10.20%
文化、体育、娱乐业	40.74%	-10.06%	12.96%	8.16%	12.96%	0.26%	12.96%	5.06%	9.26%	-1.84%	11.11%	-1.59%

表4-2 2022—2023年内蒙古自治区不同行业民营企业拥有专利数量的对比

2023年 2023-2022	2023年无	增减比	2023年 1～5项	增减比	2023年 6～10项	增减比	2023年 10项以上	增减比
农林牧渔业	78.05%	5.75%	12.20%	-2.40%	7.32%	0.02%	2.44%	-3.36%
采矿业	85.29%	11.89%	11.76%	-4.94%	2.94%	-0.36%	0.00%	-6.70%
制造业	38.89%	-12.21%	44.44%	22.34%	0.00%	-11.50%	16.67%	1.37%
电力、热力、燃气及水生产和供应业	76.47%	-0.83%	17.65%	4.05%	0.00%	0.00%	5.88%	-3.32%
建筑业	91.30%	53.80%	0.00%	-2.50%	4.35%	3.05%	4.35%	-54.45%
交通运输业	95.24%	-4.76%	4.76%	4.76%	0.00%	0.00%	0.00%	0.00%
仓储业	100.00%	0.00%	0.00%	0.00%	0.00%	0.00%	0.00%	0.00%
信息传输、软件信息技术服务业	75.00%	41.70%	12.50%	-20.80%	0.00%	0.00%	12.50%	-20.80%
文化、体育及娱乐业	96.30%	16.90%	3.70%	-7.40%	0.00%	-4.80%	0.00%	-4.80%

表4-3 2022—2023年内蒙古自治区不同行业民营企业科技创新举措的实践情况的对比

行业类别	增加科研投入、配备先进的研发设施	建设循环经济产业链	技术中心、科研工作站等科研平台的建设与运营	培育优秀技术创新人才队伍	与国内外知名高校、科研院所开展合作	承担国家/省级研发项目、申请专利	其他
农林牧渔业	24.39%↓	39.02%↑	29.27%↑	43.90%↓	26.83%↑	24.39%↑	19.51%
采矿业	14.71%↓	11.77%↓	14.71%↓	44.12%↓	26.47%↑	17.65%↑	23.53%
制造业	30.56%↑	38.89%↓	33.33%↑	52.78%↑	36.11%↑	19.44%↑	27.78%
电力、热力、燃气及水生产和供应业	11.77%↓	17.65%↓	17.65%↑	41.18%↑	17.65%↑	11.77%↑	17.65%
建筑业	30.44%↓	30.44%↓	26.09%↓	65.22%↓	21.74%↓	17.39%↓	26.09%
批发及零售业	22.47%↓	25.84%	24.72%↓	52.81%↓	8.99%↓	10.11%↓	12.36%
交通运输业	4.76%↓	9.52%↑	9.52%↑	19.05%↓	14.29%↓	14.29%↑	19.05%
仓储业	0.00%↓	0.00%	0.00%	0.00%↓	0.00%	0.00%	0.00%
邮政业	50.00%	0.00%	0.00%	50.00%	50.00%	50.00%	50.00%
住信业	0.00%	0.00%	0.00%	0.00%	33.33%	33.33%	66.67%
餐饮业	32.26%↑	41.94%↑	25.81%↑	51.61%↑	19.36%↑	25.81%↑	25.81%
信息传输业、软件和信息技术服务业	12.50%↓	25.00%↓	12.50%↓	50.00%↓	25.00%↓	25.00%↑	50.00%
金融产业	60.00%	100.00%	80.00%	80.00%	40.00%	20.00%	20.00%
房地产业	21.43%	21.43%	21.43%	28.57%	14.29%	7.14%	14.29%
租赁和商务服务业	27.27%	27.27%	36.36%	54.55%	0.00%	0.00%	9.09%
科学研究和技术服务业	44.44%↓	22.22%↓	11.11%↓	44.44%↓	11.11%↓	11.11%↓	0.00%
文化、体育及娱乐业	18.52%↓	18.52%↓	25.93%↓	44.44%↑	12.96%↓	7.41%↓	12.96%
其他产业	25.96%	25.00%	25.96%	49.04%	9.62%	9.62%	12.50%

注：1.资料来源：根据调研数据整理；
2.表中数值表示2023年各行业在科技创新举措方面的实际占比，箭头↑和↓分别表示2023年与2022年相比上升和下降的情况。

利于企业更有效地利用资源和共享知识，也能助力其创新过程中更好地融入国家的科技创新体系。

3. 多数行业企业积极采纳科技创新举措

将2022年和2023年不同行业民营企业进行比较发现，不同民营企业在创新举措的选择上占比趋于一致，且2023年更加注重培育技术创新人才队伍（图4-6），表明企业正逐渐提升科技创新能力，更加注重创新在企业发展中的作用。民营企业采纳注重培育技术创新人才队伍举措同比增长5.91%，反映出企业对于科技创新的依赖日益增强。

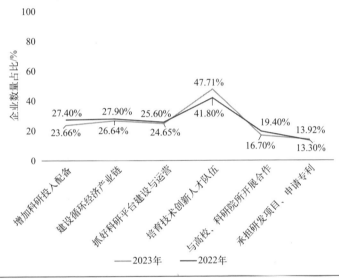

图4-6　2023年与2022年内蒙古自治区民营企业科技创新举措的实践情况比较

内蒙古自治区民营企业在科技创新的道路上取得了一定进步，尤其在技术创新人才的培养方面。然而，要实现全方位的科技创新生态体系，还需要在合作研发和知识产权申请等方面进一步加强实践和支持，这不仅能提升民营企业的创新能力，也能促进整个地区的经济转型和可持续发展。

（三）民营企业科技创新规模差异

1. 大型企业科技经费投入减少

对比不同规模民营企业在科技创新转型升级上的态度可知，企业对科技创新需求呈现显著差异。如图4-7所示，78.00%的大型民营企业对于科技创新转型的升级由

2022年以长远发展战略为主，降至2023年的14.00%，半数以上的大型企业对创新转型的态度以维稳为主。出于对当前经济环境的整体判断和内部资源重新分配的考量，大型民营企业更加重视企业的稳定而非创新。这一方面可能由于大型企业已在市场上占据稳固的位置，创新转型升级则需企业投入大量时间、精力、资源以及考虑新的经营活动所带来的不可控风险，因此更加谨慎地评估创新活动所带来的风险。另一方面，大型企业已经拥有成熟的业务模式和市场策略，更倾向于选择在不确定的市场环境中保持现状，而非进行冒险的创新尝试。

微型民营企业在2023年对于不同科技转型升级态度呈橄榄球状，1/5企业完全不考虑，1/5企业亟待转型升级；选择维稳为主、长期发展战略的微型企业占比分别为30.00%、29.00%。相较2022年，企业不同态度数量占比差异性较低。2022年完全不考虑科技创新转型的微型民营企业占比为17.00%，2023年增加3个百分点。此类企业往往缺乏足够的资金、人才资源，以及新技术和新产品研发等相关专业知识的支撑来开展创新项目。

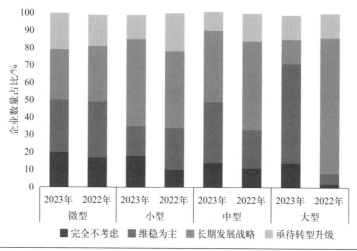

图4-7　2023年与2022年内蒙古自治区不同规模民营企业对于科技创新转型升级的态度比较

科技创新的投入不仅是企业竞争力的关键，也是推动整个经济发展和产业升级的重要驱动力。对于不同规模企业而言，找到适合自身发展阶段的科技创新投入平衡点是实现长期成功的关键。图4-8表明，不同规模民营企业在科技创新上的投入减少，尤其在大型企业中更为显著。71.00%的大型企业在2023年减少或停止对科技创新的投入。大型企业通常具有较为复杂的业务结构和市场策略，任何对创新投入的调整都是基于对市场前景、内部资源配置和潜在回报的深思熟虑。33.00%的大型企业在2022年科技创新上的投入为2%～3%，而27.00%的企业投入4%～5%，即大型企业对科技创新仍然持有积极态度，愿意进行相应的投资。然而，这一情况在2023年有所降低，由以下几方面原因导致：一是经济压力，在经济增长放缓或市场不确定性增加的情况下，企业会减少风险较高的投资，尤其以科技创新为主；二是成本效益分析，大型企业更加关注成本效益，倾向于投资那些能够带来快速且确切回报的领域；三是创新策略调整，企业通过重新评估其创新策略，选择更为稳健的研发途径，将资源集中于少数核心盈利项目。

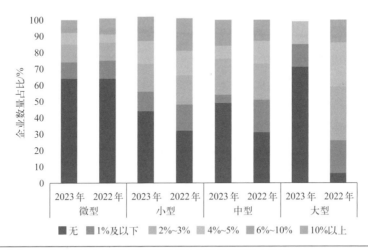

图4-8　2023年与2022年内蒙古自治区不同规模民营企业科技创新投入比较

2. 大型、小微型企业专利持有数量大幅减少

专利持有情况在不同规模民营企业中呈现显著差异。2023年，中型企业中持有10项以上专利的企业占比达到14.00%（见图4-9）。受到更灵活的管理体系影响和对

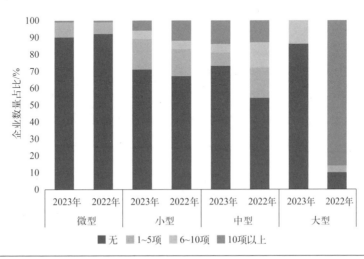

图4-9　2023年与2022年内蒙古自治区不同规模民营企业拥有专利数量情况比较

市场需求的快速响应，中型企业得以在创新和技术发展上保持相对活跃。相比之下，小微型及大型企业的无专利企业占比高。小微型企业受到资金和人才资源方面的限制，无法进行足够的研发活动来生成可申请专利的成果；企业规模较小也意味着较少的组织结构和流程障碍，但也可能缺乏建立研发和创新文化的基础；此外，小微型和部分大型企业更加专注于市场细分领域，因而对专利保护的产品或服务依赖性更低。

3. 不同规模企业在专业人才需求方面差异显著

就企业规模来具体分析，微型民营企业对不同领域人才需求的前三位分别为：管理类、经济类、计算机类，且2022年与2023年人才需求企业占比趋于一致。45.00%的微型企业在两年间对管理类人才的需求居于首位（见图4-10）。相比之下，经济领域的人才需求降幅最大，由2022年的35.86%下降到2023年的28.13%，减少了7.73%。人文类人才的需求增幅最大，增长了3.89%，表明微型企业已开始认识到跨文化交流、品牌建设和市场沟通在当今商业环境中的重要性。

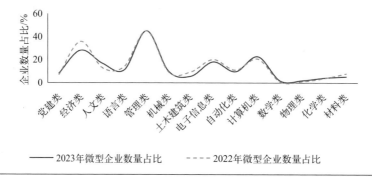

图4-10 2023年与2022年内蒙古自治区微型民营企业的专业领域人才需求比较

如图4-11所示，小型企业对管理类领域人才的需求连续两年占比最高。然而，管理领域的人才需求从2022年的64.16%降至2023年的53.4%，下降了10.76%。小型企业对经济领域人才需求在两年中相对稳定，保持在34.00%左右，土木建筑类领域人才需求在2023年有所下降，降幅为3.12%。小型企业在管理、经济和土木建筑等关键领域的人才需求变化，反映了其在面对市场和技术变革时的策略调整。小型企业需要不断评估其人才战略，以确保其能在竞争激烈的市场环境中保持竞争力和可持续发展能力。

图4-12表明，中型企业对管理类领域人才的需求略有上升，从2022年的61.42%增至2023年的62.16%，中型企业增强其管理团队的能力以应对更加复杂的市场环境。2023年经济类领域人才需求占比下降至27.03%，降幅约12.34%。机械类领域人才需求占比也下降了12.58%，为18.92%，机械领域的增长与自动化、智能制造和工

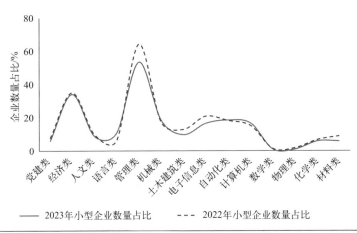

图4-11　2023年与2022年内蒙古自治区小型民营企业的专业领域人才需求比较

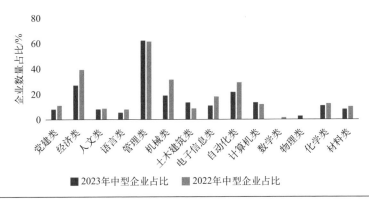

图4-12　2023年与2022年内蒙古自治区中型民营企业的专业领域人才需求比较

业4.0等趋势紧密相关，这一趋势要求企业具备相关的技术专长和创新能力。

如图4-13所示，2023年，大型民营企业对经济类、机械类以及计算机类人才的需求较为强烈，占比均达28.75%，这类企业正处于数字化转型、产业升级和市场拓展的关键时期。计算机领域的需求凸显了大型企业对信息技术、软件开发、数据分析和网络安全的重视。相比而言，土木建筑类领域的人才需求明显减少，管理类领域的需求降幅尤为显著，从2022年的82.35%降至2023年的14.29%，降幅约68.06%，2023年材料领域人才需求降低13.73%。

4. 大规模企业关注多项科技创新政策

图4-14表明，2023年微型民营企业在科技创新政策的关注点上，选择将培育科技企业作为首要因素的比例最高，达24.43%，较2022年提升12.25%，微型企业在科

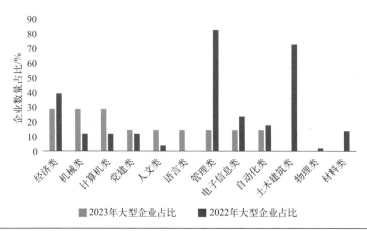

图4-13　2023年与2022年内蒙古自治区大型民营企业的专业领域人才需求比较

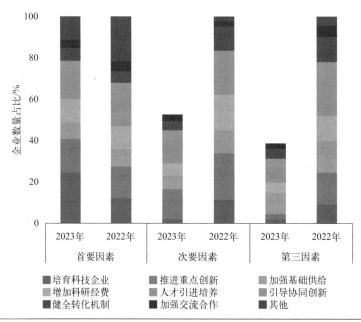

图4-14　2023年与2022年内蒙古自治区微型民营企业对科技创新政策的关注因素比较

技市场竞争中需要利用科技创新来推动企业业务增长，以提升企业核心竞争力。

　　如图4-15所示，2023年小型企业在科技创新政策的关注因素表现出明显变化。将推进重点创新作为首要关注因素的企业占比达26.21%，较2022年提升了10.28%。这一显著增长表明小型企业更加关注具有战略意义的创新活动，如新产品开发、技术升级和市场创新。将培育科技企业作为首要关注因素的占比位居第二，达到19.42%，较2022年提升10.57%，反映出小型企业正在增加对技术创新和企业发展的投资，努力通过科技创新来提高自身竞争力和市场份额。2023年将人才引进培养作为首要因素的选择占比为14.56%，较2022年的25.22%降低10.66%。虽然人才依旧是小型企业发展的关键，但在面对经济和市场压力时，这些企业更倾向于优先考虑直接的技术创新和产品开发。

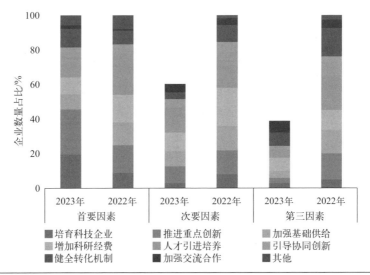

图4-15　2023年与2022年内蒙古自治区小型民营企业对科技创新政策的关注因素比较

如图4-16所示，2023年中型企业对科技创新的关注因素表现出特殊趋势。其中，将培育科技企业作为首要关注因素的比例占到21.62%，较2022年增长6.66%，表明中型企业越来越重视自身的技术发展和创新能力，即科技企业的培育对提升自身竞争力和市场地位十分重要。推进重点创新和人才引进培养作为首要因素的选择均占比18.92%，在首要因素选择中居第二位。这两个因素的选择虽然较2022年有所下降，分别减少了7.85%和2.34%，但仍然保持在相对高位。由此可知，尽管中型企业正在加大对科技企业的培育力度，但同时仍然重视具体的创新项目和关键人才的引进与培养。

值得注意的是，尽管在首要因素选择中，培育科技企业的比例最高，但在总数量上，企业选择推进重点创新的占比位居首位，表明在中型企业中，推进具体的技术创新项目仍然是一个广泛关注的议题。这可能与中型企业在市场上的地位有关，他们既需要通过具体项目推动技术创新，又需要培育和维护自身作为科技企业的整体形象和能力。

图4-17表明，2023年大型企业对于科技创新的关注因素中，将培育科技企业作为首要因素的选择占比最高，达到28.57%，较2022年的17.65%提升了10.92%，反映出大型企业对于自身作为科技创新主体的深层次认识，即通过培育科技企业不仅

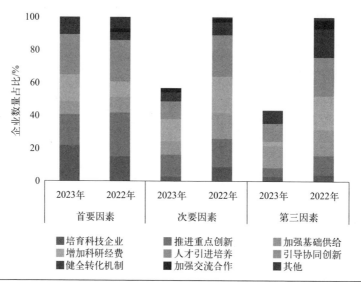

图4-16　2023年与2022年内蒙古自治区中型民营企业对科技创新政策的关注因素比较

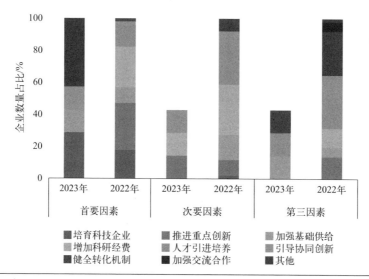

图4-17　2023年与2022年内蒙古自治区大型民营企业对科技创新政策的关注因素比较

能增强自身的创新能力和市场竞争力，也能促进整个行业甚至区域的科技发展。在次要因素的选择中，人才引进培养、推进重点创新以及增加科研经费的重视较为均衡，均为14.29%。人才引进和培养是企业创新的基础，关键在于人才能为企业提供所需的专业知识和技能。同时，推进重点创新和增加科研经费反映了企业对于具体创新项目的投入和科研活动的财务支持。

大型企业在科技创新方面的策略调整显示出其在适应市场需求和技术发展趋势中的积极态度。这种多元化和全面的创新关注将对企业的长期发展和行业的进步产生重要影响。

2023年科技创新举措中，大型企业和微型企业呈现出鲜明差异（表4-4）。大型企业在各项科技创新活动上均有显著提升，而微型企业则普遍出现了下降。对于大型企业而言，最显著的提升发生在培育优秀技术创新人才队伍上，提升幅度达70.02%。创新人才在维持其市场领先地位中具有关键作用，大型企业将人才培育视为长期战略的一部分，以保持其在快速变化的技术环境中的竞争力。大型企业和微型企业在科技创新举措上的差异突显了不同规模企业在资源、策略和市场定位上的不同需求。因此，适当的政策和支持措施对于激发这些企业的创新潜力至关重要。

表4-4　2022—2023年内蒙古自治区不同规模民营企业的科技创新举措变化

举措	微型企业	小型企业	中型企业	大型企业
增加科研投入，配备先进的研发设施	↓6.62%	↓0.08%	↑12.45%	↑60.22%
建设循环经济产业链	↓8.8%	↑7.07%	↑1.98%	↑54.9%
抓好技术中心、科研工作站等科研平台的建设与运营	↓8.03%	↓1.42%	↑6.94%	↑62.18%
培育优秀技术创新人才队伍	↓15.88%	↓6.48%	↓3.55%	↑70.02%
与国内外知名高校、科研院所开展合作	↓5.6%	↓2.32%	↑3.34%	↑58.26%
承担国家级、省级研发项目，申请专利	↓6.13%	↓3.41%	↓4.63%	↑56.86%

（四）民营企业科技创新区域差异

1. 蒙西、蒙中地区企业在科技创新转型升级方面倾向性较低

如图4-18所示，在科技创新态度方面，内蒙古自治区的蒙西、蒙中和蒙东地区的民营企业呈现出不同特点。蒙东地区，选择以维系现状为主的企业占据首位，由于该地区企业对市场变化和技术创新风险进行了相对谨慎的评估，部分企业已有的业务模式能够满足当前市场需求。相比之下，蒙西和蒙中地区的民营企业多因成本过高或认为无须转型升级而不考虑科技创新，特别是在蒙西地区，2023年选择因成本过高或无须转型升级而不考虑科技创新的企业占比较2022年上升了11.67%。

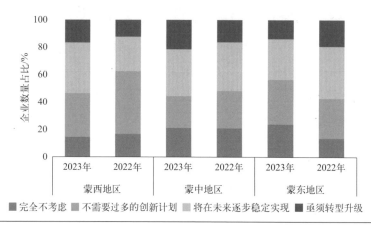

图4-18　2023年与2022年蒙西、蒙中、蒙东地区企业对于科技创新转型升级态度比较

2. 蒙东地区企业增加科技创新经费投入

2023年，蒙西、蒙中、蒙东三个地区的民营企业在科技创新经费的投入呈现出不同趋势。如表4-5所示，不投入科技创新经费的企业占比均有所提升，尤其是蒙西地区增长了35.34%。在经济压力或市场不确定性加大的背景下，企业更倾向于减少风险较高的投资，包括科技创新的相关开支，将有限的资源重新配置到更为紧迫的领域，如市场拓展或基础运营。这也是蒙西地区企业对长期战略的重新评估，选择在当前阶段减少科技创新投入的可能原因。

蒙东地区科技创新经费占比10%以上的企业相较2022年有所提升。该地区的企业更加重视科技创新，或拥有更多资源和能力来支持这些活动，这可能与蒙东地区的经济结构、企业类型、市场机会或政策支持有关。蒙西地区和蒙中地区，投入10%以上科技创新经费的企业占比相较于2022年分别减少9.71%、1.89%。这些地区的企业尽管认识到科技创新的重要性，但整体上在科技创新方面的投入仍然有限。

表4-5　2022—2023年内蒙古自治区蒙西、蒙中、蒙东地区科技创新经费占比变化

	2023年无	增减比	1%及以下	增减比	2%～3%	增减比	4%～5%	增减比	6%～10%	增减比	10%以上	增减比
蒙西地区	60.34%	35.34%	12.85%	-12.15%	14.53%	-10.47%	6.15%	-2.18%	3.35%	-0.82%	2.79%	-9.71%
蒙中地区	54.71%	8.35%	8.97%	-2.85%	12.56%	-3.80%	12.11%	1.20%	6.28%	2.64%	5.38%	-1.89%
蒙东地区	64.36%	7.02%	8.91%	-6.05%	9.90%	-1.18%	3.96%	-2.13%	6.93%	1.39%	5.94%	0.95%

3. 蒙东地区企业专利持有量略有增长

将2023年与2022年的专利数量进行对比可以看到，蒙东地区2023年拥有10项以上专利的企业占比稍有增长，提升了1.03%，而蒙西地区和蒙中地区相较2022年则呈现不同程度的下降，分别降低13.88%、3.22%（见表4-6）。同时，不同地区的市场环境和政策支持也对企业的研发和创新策略产生影响，蒙东地区采取了更加有效的激励措施促进专利创新。

三个地区企业在拥有6～10项专利的企业数量均有所下降，尤其是蒙西地区下降了15.49%。在拥有1～5项专利的企业占比中，蒙东地区增长3.25%，而蒙西地区和蒙中地区则有所下降。此外，蒙西地区2023年的无专利企业占比上升至86.59%，提高了40.76%，这从一定程度上表明该地区企业对专利创新缺乏足够的研发能力和专业知识。

表4-6 2022—2023年内蒙古自治区蒙西、蒙中、蒙东地区专利数量对比

	2023年无	增减比	2023年 1～5项	增减比	2023年 6～10项	增减比	2023年10 项以上	增减比
蒙西地区	86.59%	40.76%	12.29%	−8.54%	1.18%	−15.49%	2.79%	−13.88%
蒙中地区	85.65%	10.20%	9.42%	−6.03%	1.79%	−0.94%	3.14%	−3.22%
蒙东地区	85.15%	−3.77%	9.90%	3.25%	1.98%	−0.51%	2.97%	1.03%

五、

内蒙古自治区民营企业数字化转型

随着全球经济环境的深刻变化和技术革新的快速发展，数字化转型成为民营企业可持续发展的必然趋势。内蒙古自治区作为中国北方的重要经济支柱和生态屏障，其民营企业的数字化转型具有重要意义。这不仅关乎企业自身效率和效益的提升，更是区域经济结构优化和高质量发展的关键。当前，内蒙古自治区民营企业正在逐步打破传统经营模式，通过引入先进的数字理念和技术，重塑其业务流程和市场战略。在此过程中，企业面临着巨大机遇和多方挑战。如何有效推进数字化转型进程并提升数字化效能，不仅是单个企业必须思考的问题，也是整个区域经济转型升级的关键所在。

（一）民营企业数字化发展概况

2023年的问卷调查样本企业中，传统企业和数字企业的占比分别为71.97%和28.03%。与2022年调查数据相比，2023年数字企业调查样本的比重提升8.52%（见图5-1）。

图5-1　2023年与2022年内蒙古自治区民营企业数字化类型比较（左：2023年；右：2022年）

本报告所指传统企业是指那些在业务运营、管理方式和组织结构上主要依赖非数字化手段的企业。此类型企业通常长期遵循传统的商业模式，以实体产品、服务或流程为核心，通过线下市场进行销售与交易。尽管其可能也在一定程度上利用数字技术来提高运营效率，但其主要业务模式和流程并未发生根本性的数字化变革。数字企业则是指那些以数字技术为核心，通过大数据、云计算、人工智能、物联网等前沿技术，为政府、企业等主体提供业务创新、流程优化等数字化解决方案、技术、产品和服务的企业。此类企业不仅在内部运营中高度依赖数字技术，而且通过数字化手段与外部环境进行高效互动。

综上所述，传统企业和数字企业的主要区别在于其业务运营、管理方式和技术应用的不同；在类型上，传统企业涵盖了多个行业和规模的企业，而数字企业则更多为原生提供数字技术和服务的企业。这两类企业在当今经济环境中各有其独特的发展路径和挑战。

1. 数字化转型阶段和规划

（1）转型阶段及原因

数字化转型进程可依据转型程度依序划分为自动化、信息化、数字化和智能化四个阶段。2023年调查结果显示，内蒙古自治区六成左右的民营企业未开展数字化转型。在转型的179家企业中，数字化进程较多集中于自动化和信息化等初级阶段。首先，11.53%的企业处于自动化发展阶段。自动化阶段通常是企业数字化进程的起点，关注替代传统的手工操作。此阶段主要涉及基本的业务流程自动化和机械化，以提高生产效率、降低劳动力成本为要旨。

其次，11.13%的企业处于信息化阶段。信息化是企业数字化转型的关键步骤。这一阶段，企业主要利用信息技术挖掘数据，发现其背后的信息线索，以提升生产和管理效能。再次，仅有7.16%的企业超越了信息化阶段，进入数字化阶段。处于这一阶段的民营企业不仅挖掘分析数据背后隐藏的信息，而且通过数据分析和洞察来辅助支持决策，并利用数字技术优化业务模式和客户体验，以提升其创新力和竞争力。最后，只有5.77%的数字化民营企业迈入智能化阶段，初步实现了自主执行和智能决策。此类企业通常采用人工智能、机器学习等技术，进行高度智能化的操作和决策制定（见图5-2）。

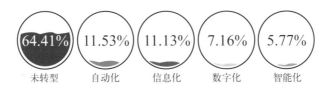

图5-2　2023年内蒙古自治区民营企业数字化转型进程

对内蒙古自治区民营企业未进行数字化转型的原因进行调查发现，资金限制、方向模糊是其面临的主要障碍。2023年，28.23%的企业认为缺乏资金是其未进行数字化转型的主要原因。对许多企业而言，尤其是中小型企业，数字化转型需要较多的前期投资，包括技术采购、系统升级和员工培训等，其目前财务能力可能无法提供坚实支撑。

两成多企业认为如何进行数字化转型存在不确定性或缺乏清晰的战略。在没有明确方向和规划的情况下，企业不愿投资具有不确定结果的发展议题。与此同时，一成企业对数字化转型的潜在收益和实际效果持有疑问。如果企业不能清楚地看到数字化投资带来的具体收益，其可能更倾向于选择不采取行动（见图5-3）。

（2）转型规划

调查结果揭示了内蒙古自治区民营企业在数字化转型规划方面的选择性差异。

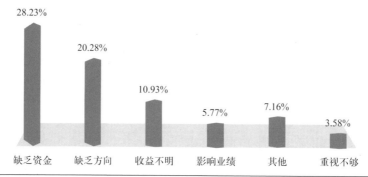

图5-3　2023年内蒙古自治区民营企业未进行数字化转型的原因分析

2023年，28.23%的企业表示在接下来的5年内暂不考虑开展数字化转型，这一比例占据首位，反映了部分企业对数字化转型行动的犹豫和踌躇。

同时，短期内（1年内）计划开始数字化转型的企业占比13.12%，此类企业已认识到数字化转型的紧迫性并准备于近期采取行动。在3年、5年内计划开展数字化转型的企业占比分别为15.51%、7.55%，体现出不同企业基于自身情况和战略规划所制定的不同转型时间表。

与2022年相比，短期内计划开展数字化转型的企业比例有所变化，但长期来看，仍有相当比例的企业在5年内暂不考虑数字化转型。这一趋势可能表明，尽管数字化转型的重要性被广泛认识，但实际执行上仍面临多重挑战（见图5-4）。

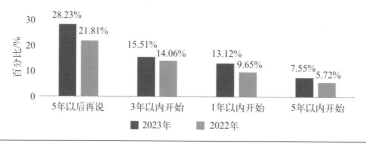

图5-4　2023年与2022年内蒙古自治区民营企业数字化转型规划比较

（3）数字化转型期待

2022年，内蒙古自治区民营传统企业和数字企业对数字化转型的期待大致相仿，主要集中于建立电商平台和加强过程质量管理方面，均占比15.00%左右。2023年，超过20.00%的数字企业对数字化转型的期待更聚焦于建立电商平台。相较2022年，优化客户资源管理和销售过程管理、建立企业大数据库的期待值有明显下降，其原因在于此方面已有较成熟实践和些许进展。同时，在提高安全管理和风控能力、实现信息互联互通方面的期待值则同比增长，反映出2023年传统企业和数字企业在数字化转型进程中对数字安全和信息流通的共同关注和迫切需求（见图5-5）。

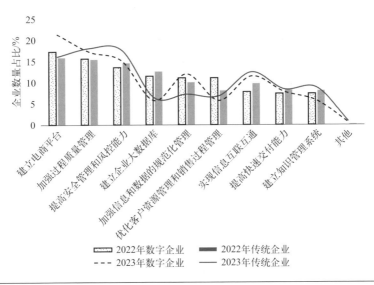

图5-5 2023年与2022年内蒙古自治区数字企业与传统企业对数字化转型期望对比

2. 数字化转型成效

内蒙古自治区的传统企业和数字企业在数字化转型效果上呈现差异。传统企业样本中，转型效果明显不佳的占比由2022年的19.61%上升到2023年的22.77%；转型效果不明显的占大多数，两年间占比均为五成以上。转型效果明显的企业甚至由2022年的28.24%，下降到2023年的16.83%；2023年，转型效果非常突出的企业占比最低，为5.94%，但相较2022年上升5.16%（见图5-6）。

相对而言，调研的数字企业在数字化转型效果上的表现亦不乐观。转型效果欠佳的企业多达四成，较2022年显著上升33.81%，反映出这些企业在快速变化的数字环境中遇到突出挑战和发展瓶颈。转型效果不明显的企业在2022年和2023年分别占比47.78%、34.62%；认为数字化转型效果明显和非常突出的企业占比总和，在2023年亦有所下降，由2022年的45%下降至24.36%（见图5-6）。

无论是传统企业还是数字企业，数字化转型都是一个复杂且充满挑战的过程。转型效果不理想的企业，可能需要重新审视和调整其数字化战略，包括加强对新技术的投资、优化管理流程、提升员工数字化技能以及加强数据驱动的决策制定等。同时，希冀政府相关部门、行业协会及发达省份的数字企业发挥更大的作用，提供必要的指导、资源和支持，助力企业克服数字化转型中的障碍，以实现更高效和成功的转型。

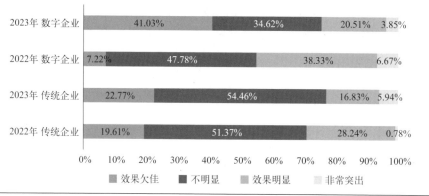

图5-6 2023年与2022年内蒙古自治区数字企业与传统企业数字化转型效果对比

3. 数字化转型影响因素

（1）数字化转型进程影响因素

疫情对内蒙古自治区民营企业的数字化转型产生了显著影响。调查结果显示，在2023年，46.37%的企业在疫情防控期间加速了数字化转型进程（见图5-7）。疫情防控的物理隔离措施和运营限制促使这些企业加快采纳数字化工具，通过电子商务和在线服务等策略维持业务的连续性和灵活性。

然而，44.13%的企业表示疫情对其数字化转型无明显影响。此类企业可能已具备一定的数字化基础，其业务模式和市场定位在疫情防控期间未受到较大冲击。

仅有9.50%的企业表示疫情反而放缓了数字化转型进程。可能是由于此类企业在疫情防控期间面临着资金紧张、市场不确定性增加或其他运营挑战，从而使其须重新调整发展策略优先级并进行资源合理分配，以及更侧重其他能促进企业生存需求的业务板块优先发展。

疫情加速了一部分企业的数字化转型，但同时也暴露了一些企业在数字化进程中的薄弱环节。为应对未来可能出现的类似挑战，企业应结合自身核心业务和市场

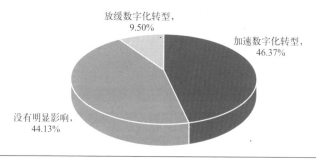

图5-7 2023年内蒙古自治区民营企业数字化转型受疫情影响程度

定位，探索明晰数字化转型的未来前景，在数字化转型的时代背景和必然趋势下，加大对数字化转型的投入和创新，以提升其业务的韧性和适应能力。

（2）数字化转型内部影响因素

调查结果进一步揭示了企业在数字化转型过程中遇到的内部挑战。首先，2023年，多数企业认为其本身薄弱的数字化基础是影响数字化转型成效的主要内部因素，占比达51.96%，虽较2022年的60.79%有所下降，但依然占据首位。数字化基础薄弱包括技术设施不足、数据管理和分析能力低下、缺乏数字化理念文化和制度规范、数字技术能力不足等方面。尽管一些企业在增强数字化基础方面取得了进展，但仍有大量企业在此进程中的投入和努力有限。

其次，缺乏顶层设计方案的问题在2023年变得更加突出，占比达48.60%，比2022年上升约10%，反映出企业在数字化转型战略规划和高层领导重视参与度方面的不足，最终导致企业在数字化转型过程中缺乏明确的方向指引和资源配置，从而影响整个转型过程的效率和效果（见图5-8）。

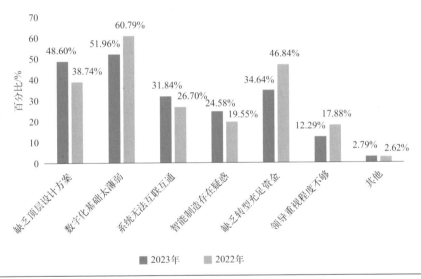

图5-8　2023年与2022年内蒙古自治区民营企业数字化转型内部影响因素对比

（3）数字化转型社会影响因素

社会因素是影响企业数字化转型成效的关键因素。其中专业技术人才的影响最大。2022年，这一影响因素在两类企业的调查中占比均超20%，而2023年，这一比例甚至上升至40%（见图5-9）。随着数字化转型的深入，企业对具备相关技术技能和专业知识的人才的需求愈益增长。专业技术人才不仅包括具备数字技术能力的员工，还包括能够将这些技术应用于业务创新和优化的人才。

数字化认知程度也是影响数字化转型效果的关键要素。数字化认知程度关乎企业对数字化转型的理解、认同以及实施策略的清晰程度，直接决定了其转型效果和最终收益。2022年，两成传统企业、一成多数字企业均认为较低的数字化认知程度影响了数字化转型的成效。尽管部分企业已开始了转型之旅，但由于未完全理解数字化转型的深层含义和潜在价值，其效果并不显著，收益率也相对较低。2023年，随着数字化转型进程的推进，两类企业中超过五成均对认知程度影响收益效果的显著性给予了强调。

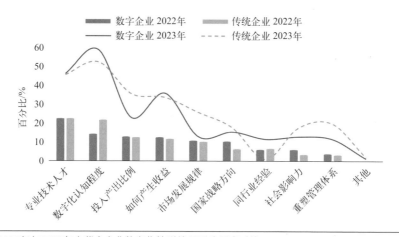

图5-9　2023年与2022年内蒙古企业数字化转型效果影响因素对比

（4）数字化转型痛点

企业在数字化转型过程中的痛点涵盖多个关键领域。2023年，数字企业认为转型痛点集中于专业人才缺乏、资金投入有限、思维理念迟滞、战略定位不准确和信息渠道有限，这些因素分别占比16.50%、15.50%、18.00%、17.00%和8.50%（见图5-10）。专业人才缺乏突出了企业在招聘和保留具备必要技术技能的人才方面的困难；资金投入有限表明企业数字化转型的投资受限，特别是对于那些需要大规模技术升级和系统改造的项目；思维理念迟滞反映出企业在适应数字化时代新思维方式和业务模式上的不敏感；战略定位不准确可能是由于企业在数字化转型过程中未确定明确的战略规划或对市场趋势和自身优势不能精准定位与准确判断；信息渠道有限则体现出在获取有关市场趋势、技术进步和行业动态等关键信息方面存在局限性。与此同时，传统企业在转型过程中的痛点集中在资金投入有限和专业人才缺乏两个方面，二者占比分别为18.39%、17.73%。

与2022年相比，数字企业在思维理念迟滞和战略定位不准两方面的问题上升明显。随着市场和技术的快速变化，企业需要加快适应步伐，同时提高战略规划的准确性和前瞻性。对传统企业而言，专业人才缺乏和资金投入有限均是其在数字化转型中的主要痛点，现有业务流程和设施投入的成本，使数字化转型所需的人财物支持更高。

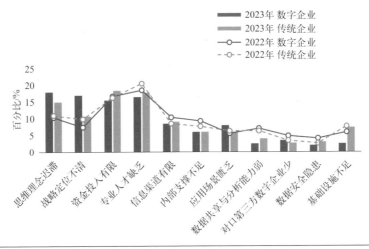

图5-10　2023年与2022年企业数字化转型中痛点比较

（二）数字民营企业数字业务发展情况

1. 数字企业业务类型

数字企业的业务类型主要是数字化培训服务、技术服务与咨询服务。原因在于：首先，随着数字化发展在各行各业的加速，市场对于直接的数字化技术服务，如云计算、大数据分析、人工智能应用等需求较大。其次，随着技术的渗透和应用日益广泛的应用，政府和企业对提升数字能力的追求变得更加迫切，从而推动了数字化培训服务和咨询服务的增长。相较而言，两年间数字系统和软件开发类的业务类型相对较少，一定程度上说明市场在这些领域已经比较成熟，抑或市场对这些服务的需求相对饱和（见图5-11）。

2. 数字企业客户构成

数字市场的消费者结构正在发生转变，个人客户成为其主要增长点。2023年，以个人客户为主的数字企业数量显著增加，占比为50.35%，而以企业客户为主的数字企业占比为29.08%（见图5-12）。一定程度上反映出数字产品和服务对个人消费者的青睐，以及个体用户端数字化的旺盛需求。

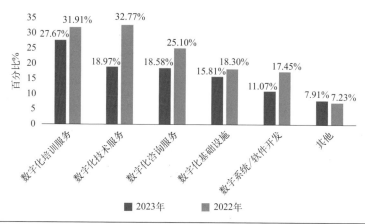

图5-11　2023年与2022年内蒙古自治区数字民营企业业务类型对比

相比之下，2022年数字企业的客户类型中，个人与企业的占比相对均衡，分别为41.33%和36.67%，彼时数字企业服务更多集中在向企业提供解决方案和服务上，如企业级软件、云计算服务等。

与2022年相比，2023年政府客户的占比减少2.4%。可能源于政府对数字服务的需求增长速度与个人用户庞大的市场需求而言发生了相对变化。

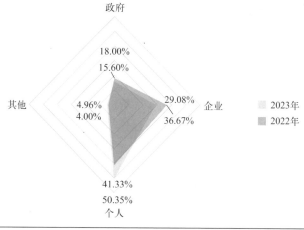

图5-12　2023年与2022年内蒙古自治区民营数字企业的客户类型构成对比

3. 政府活动支持方式

2023年，政府在数字化转型过程中对硬件设备的需求增加，调研的数字企业主要通过提供硬件设备来支持政府活动，占比为28.21%（见图5-13），相较2022年同比增长9.57%。

2022年调研数字企业对政府活动的支持更多地集中在系统或软件、技术服务与培训方面，二者占比都为24.62%。这一年，数字企业助力政府实施数字化转型的过程中，在软件解决方案的开发、部署以及相关技术服务和人员培训方面的关注较多。

此外，2023年数字企业在原始数据交易方面给予政府的支持比重较2022年增长了9.23%。政府对数据的需求日益增长，尤其是在城市管理、公共安全、环境监测等领域，原始数据的采集、处理和分析对政府制定更为精准和有效的政策至关重要。

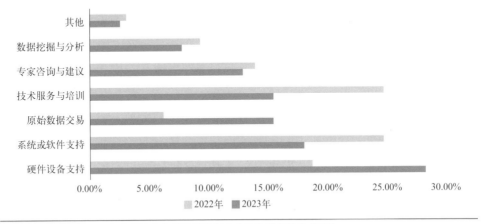

图5-13 2023年与2022年内蒙古自治区民营数字企业的政府支持方式对比

（三）传统民营企业数字化转型投入情况

1. 数字化转型资金投入

2022年调查数据显示，近一半的传统企业在数字化转型方面的资金投入为零，许多民营企业对数字化转型的重要性认识不足，或其面临资金约束等困难。然而，随着数字化趋势的加速和市场的变化，2023年调查显示，传统民营企业在数字化转型方面的资金投入显著增加，无资金投入的企业比例下降了10.57%（见图5-14）。数字化转型逐渐被认为是企业可持续发展的关键，部分企业开始更积极地进行投资。

值得注意的是，投入10万元及以下的企业数量增长了8.77%（见图5-14），这反映出中小型数字企业或刚起步的创业公司在数字化转型方面的积极行动。投资涵盖更新软硬件设备、引进新技术、优化在线服务平台、提升数据处理能力或进行员工培训等方面。

2. 数字化转型组织保障

传统企业在面对数字化转型时具有不同应对策略和组织结构设置选择。2023年调

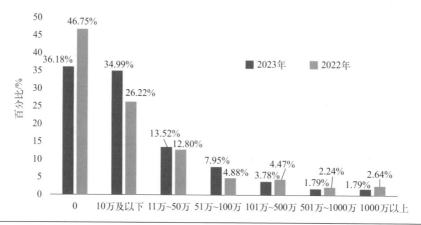

图5-14　2023年与2022年内蒙古自治区传统民营企业数字化转型资金投入对比

查数据显示，55.67%的传统企业未设立专门部门来负责数字化转型或类似的创新项目，相较2022年增长5.47%。此外，有22.27%的传统企业实施了由公司高层全面统筹的组织保障机制，与2022年调查数据相比增长8.15%。部分企业认识到数字化转型须进行顶层设计、高层全面统筹，如此可能确保整个组织的战略方向和资源得到有效协调，可以加快决策流程，确保跨部门协作和统一的战略方向，这要求企业领导层具备足够的数字化知识和前瞻性视野。此外，有8.95%的传统企业通过业务部门统筹，较2022年的19.61%有所下降，这从一定程度上反映出传统企业在进行数字化转型时逐步由业务部门统筹向高层统筹过渡，以确保跨部门协作和统一的战略方向（见图5-15）。

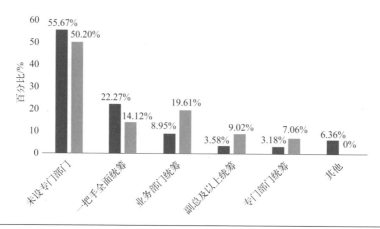

图5-15　2023年与2022年内蒙古自治区民营数字企业的组织统筹情况对比

与此同时，我们注意到，传统民营企业数字化投入大多较为谨慎。随着数字化投入占营业收入比重的提高，企业数量占比呈下降趋势。具体来看，数字化投入占营业收入的比重小于1%的企业数量最多，占比高达63.62%。数字化投入占营业收入1%到2%的企业占比为15.90%，而占比在2%以上的企业仅有两成左右（见图5-16）。

从整体趋势来看，数字化投入占营业收入比重越高的企业数量越少。大多数企业尚未充分认识到数字化转型的必要性，或在实际操作中难以为数字化转型分配更多资源。此外，对于一些企业来说，数字化投入的效果可能尚未立即显现，企业仍处于探索数字化路径阶段，因此在资金投入方面较为保守。

在数字时代，数字化投入的不足可能会在一定程度上影响企业的长期竞争力。随着数字技术在各行各业的广泛应用，那些能够有效利用数字技术的企业未来将更具市场竞争优势。而对于那些数字化不足的企业来说，如何平衡当前的经济压力和未来发展的需要，是一个亟须考虑的重要战略问题。

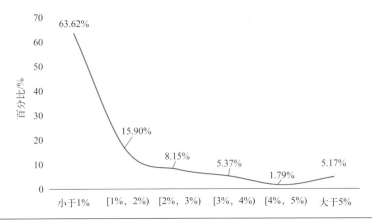

图5-16　2023年内蒙古自治区数字企业上年度数字化投入占营业收入比重

3. 数字化转型模式

（1）数字化技术运用

传统民营企业数字技术运用的程度有所不同。如图5-17所示，2023年，网络安全技术运用最多，以40.36%的比例位居首位；其次是大数据技术（29.22%）和5G技术（21.47%）。随着数字化转型的加速，企业越来越关注其数据和系统不受网络攻击和防止数据泄露，特别是在处理敏感数据和进行在线交易时。因此，网络安全技术应用成为优先考虑的问题。

与此同时，企业正致力于通过分析海量数据资源来优化决策过程、提高运营效率。各行各业数据驱动的决策制定正成为一个重要趋势。5G技术的增长显示出企业正在寻求更快速、更可靠的通信解决方案，以支持智能化移动应用等方面的内外部需求。

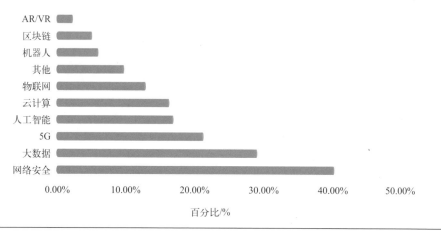

图5-17　2023年内蒙古自治区民营传统企业的数字技术应用比较

（2）数字化应用场景

内蒙古自治区民营企业在数字化应用场景中，2023年应用最多的依次是移动办公、渠道宣传和外部交流合作，占比分别为55.27%、35.19%和21.87%（见图5-18）。移动办公占比最高，反映了远程工作和灵活办公已成为最基本需求。疫后建设期，许多企业转向更灵活的工作模式。渠道宣传显示出企业越来越依赖数字化渠道来推广品牌和产品。数字时代，社交媒体、线上广告、内容营销等线上宣传成为民营企业扩大宣传范围、提升市场渗透效率的重要手段。外部交流合作的数字化则表明企业在与合作伙伴、客户和供应商的交流中采用数字工具和平台的频率逐步提升，助力提高其与其他主体的交流效率和合作效果。

与2022年相比，以上三个应用场景的占比在2023年稍有下降，与此同时，协同

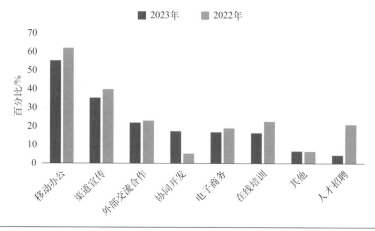

图5-18　2023年与2022年内蒙古自治区民营数字企业的数字化应用场景比较

开发场景占比上升了12.06%，表明企业越来越重视利用数字化工具和方法来加强内外部的项目管理和资源共享等主体联动型场景应用。

（3）数字化建设主体

如图5-19所示，2023年，内蒙古自治区民营企业在开展数字化转型建设时，半数以上企业会采纳市场上现成的数字化工具，快速高效地满足企业的基本需求，尽管相较2022年有些许下降（3.78%）。

企业选择通过自己设计和研发的也有相当比例，选择自行建设模式的企业占比为31.61%，相较2022年上升3.12%。一定程度上反映出企业越来越重视定制化解决方案，以更好地符合其独特的业务需求和流程。自行建设使企业能够更精准地控制数字化过程，开发适恰的数字化应用场景，但可能需要更多的资源投入，如对时间、资金和技术人才的需求更高。

选择外包给第三方的企业占比是23.46%，相较2022年下降了8.01%。七成以上企业更倾向于采购市场上现成的数字化工具和解决方案，或根据内部实际管理需要定制数字化转型项目，选择完全外包给第三方的企业相对而言还是少数。

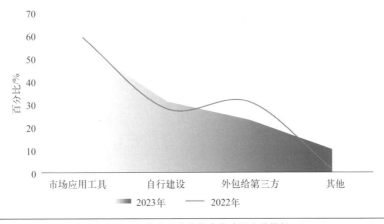

图5-19　2023年与2022年内蒙古自治区民营数字企业数字化建设主体比较

（四）民营企业业务管理数字化程度

1. 工业互联网覆盖程度

企业通过工业互联网实现数字化的业务管理应用层次较为多元。2023年调研数据显示，两成以上企业在数字化转型的初期阶段，选择专注于特定业务中的单个业务环节。其中，基于成本效益考虑或资源限制等，选择业务需求更为紧迫的关键业务的企业占比为14.14%，选择绝大部分业务环节实现数字化的企业数量占比为10.32%，全面覆盖所有业务环节的占比8.65%（见图5-20）。后两个类别占比相对较低，说明全面数字化转型对大多数企业而言仍是一个较大挑战。

值得关注的是，还有相当一部分企业尚未开始任何形式的工业互联网，占比高达42.10%。此类企业出于对工业互联网能够实现的结果相对而言较为模糊和不确定，抑或由于技术和资金的限制，缺乏成本收益较高的实施路径等。

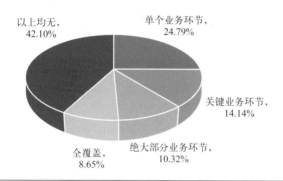

图5-20　2023年内蒙古自治区民营数字企业的工业互联网业务覆盖情况

2.业务流程数字化程度

企业在业务流程各个阶段的数字化实施情况反映了不同企业在数字化转型上的不同侧重和进展。企业在实现业务流程数字化方面的覆盖范围呈现出阶段性特征。首先，覆盖策划阶段的数字化数量占比最高，达19.72%（见图5-21）。许多企业在业务的早期阶段，就开始运用数字化手段和数字工具进行市场分析、产品规划和资源配置等。在策划阶段采用数字化手段可帮助企业更准确地预测市场需求、优化产品设计、提高资源使用效率等。

执行阶段应用数字化工具和手段的企业覆盖度为14.64%（见图5-21），此类企业将数字化技术应用于企业生产管理、工作流程自动化和项目管理等日常运营中，旨在提高企业生产运营效率、提升响应速度和对业务需求的精准满足。

监测和控制阶段使用数字化工具的企业数量占比为13.87%（见图5-21），这涉及质量控制、进度跟踪和风险管理等方面。利用数字化手段进行监测和控制可以帮助企业实时监控业务流程，及时发现并纠正问题，从而确保业务流程的顺利进行。

交付阶段使用数字化工具的企业占比为7.70%（见图5-21），较多表现为数字化技术在产品交付、服务提供和客户关系管理等场景的应用。此类应用有助于提高客户满意度，增强企业与客户之间的互动。但相对其他阶段的数字化应用企业而言，此阶段应用的企业数量占比仍较少。

需要注意的是，无数字化业务实施的企业占比高达44.07%。尽管数字化转型对于企业竞争力的提升至关重要，但仍有相当比例的企业，可能由于缺乏必要的技术资源、专业知识或对数字化转型的投资不足，未能有效地实施数字化业务流程。

整体而言，内蒙古自治区民营企业的数字化转型相较中东部发达城市而言仍较为初级，随着数字技术的持续迭代及其对企业生产运营的应用和支撑程度逐步加强，以及在相应资金和政策的匹配下，未来，内蒙古自治区民营企业的数字化转型进程仍需进一步加快，以促进其在数字化浪潮中实现跨越式发展。

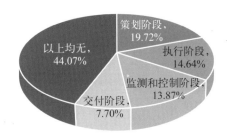

图5-21　2023年内蒙古自治区民营数字企业业务流程的数字化场景覆盖情况

3. 企业管理数字化程度

内蒙古自治区的民营企业管理普遍采取了一些关键数字化管理措施。其中，设置数字化岗位的占比达19.09%（见图5-22）。许多企业在组织结构中引进数字化专业人才，如设立数据分析师、平台管理员、数字项目经理等岗位。然而，在数字化管理措施中普遍缺少对数字化建设的单独核算，缺少这一环节可能导致数字化投资的效益无法得到充分评估，甚至可能导致资源浪费。

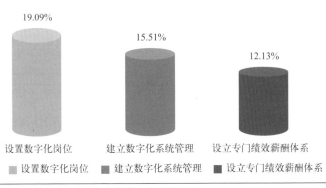

图5-22　2023年内蒙古自治区民营数字企业数字化管理情况

4. 技术研发数字化程度

内蒙古自治区民营企业在研发设计领域的数字化应用还处于较初级阶段。2023年，超过半数的企业尚未有效运用各类数字化资源（见图5-23），这些企业在实现产品技术融合和上下游信息互通方面还有很大的提升空间。

具体来看，信息资源的利用是数字化转型的重要组成部分，其对于提高产品开发效率、降低研发成本、加速市场响应速度具有重要意义。与此同时，信息资源的有效利用可以帮助企业更好地洞悉市场趋势、客户需求以及技术动态，从而指导产品进一步实现创新和迭代。

在这些企业样本中，实现上下游信息互通的企业占比仅为7.77%。此类企业在供应链管理、合作伙伴关系方面应用数字化工具实现信息的互联互通水平仍然较低。基于海量数据分析基础上的上下游信息互通，对于企业来说至关重要，它能够敏锐感知市场变化，优化供应链管理，加强与合作伙伴的协同作业，并提高企业所在的整个价值链的效率和响应速度。2023年调查数据表明，内蒙古自治区的民营企业在数字化研发设计领域仍有较大的发展空间（见图5-23）。

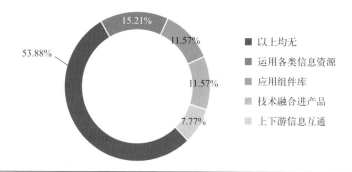

图5-23　2023年内蒙古自治区民营企业研发设计数字化的覆盖程度

5. 运营管理数字化程度

2023年，内蒙古自治区民营企业的运营管理也面临着较大挑战。数据显示，大多数企业（65.21%）在需求创造、业务设计、价值共创以及生态圈构建等关键领域的数字化覆盖方面表现仍较为有限（见图5-24）。

具体而言，在需求创造方面应用数字化工具的企业占比相对最高，为22.27%。一些企业已开始运用数字化手段来更好地理解市场需求，并优化其产品设计。如在市场研究、用户体验设计、数据分析等方面使用数字化方法和工具，更精准地捕捉和满足消费者的需求。

与此同时，我们发现，在企业的运营管理过程中，积极进行生态圈构建的民营企业占比最低，仅为9.94%。数字化时代，构建和参与生态圈对于企业的长期成功至关重要。通过数字化生态圈的有效构建与应用，企业可以与合作伙伴、供应商、客户等多方共享资源、信息和技术，创造更多的合作和创新机会，从而有助于企业更有效地整合上下游资源，提升价值链的效率和竞争力。

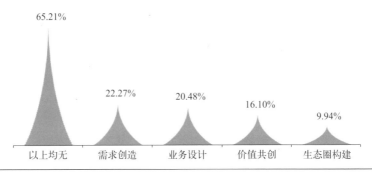

图5-24　2023年内蒙古自治区民营企业运营管理数字化的覆盖范围

但目前来看，内蒙古自治区的民营企业在数字化转型的路上还有很长的路要走。为进一步促进内蒙古自治区民营企业的数字化转型程度，提升数字化转型成果的覆盖范围，企业可以考虑采取以下措施进行优化：一是加强对市场和消费者行为的数字化分析，利用大数据和人工智能技术来洞察市场趋势和客户需求；二是优化业务流程的数字化设计，运用数字化工具和方法来提高业务流程的效率和灵活性；三是推动价值共创和合作伙伴关系的建立，通过数字化平台促进与合作伙伴的信息共享和资源整合；四是积极参与或构建数字化生态圈，与不同的行业参与者展开交流与合作，共同开发新的商业模式和市场机会等。

6.市场营销数字化程度

从2023年的调查数据分析可知，内蒙古自治区的民营企业在市场营销的数字化场景实施方面也表现出较低的覆盖率。其中，高达61.63%的企业对于数字化市场营销场景未实现全面覆盖（见图5-25）。因此，内蒙古自治区民营企业在市场营销方面的数字化转型进程也还处于较初步的阶段，对大多数企业而言，仍然缺乏有效的数字化市场营销策略。

在运用数字化手段开展市场营销的企业中，通过线上渠道建设的企业覆盖率最高，达23.26%（见图5-25）。此类企业利用数字化手段拓展市场渠道，如通过电子商务平台、社交媒体或搜索引擎优化等方式来增加产品和服务的可见性。线上渠道的建设是数字化转型的关键一步,能够帮助企业接触更广泛的客户群体,同时提高市场响应速度和营销效率。

然而,销售驱动业务优化方面的数字化实施率最低,仅为6.16%(见图5-25)。这一数据反映出大多数企业在将数字化策略与销售和业务优化相结合方面还存在不足。销售驱动的业务优化需要企业能够有效地利用数据分析来优化销售策略、产品定位和客户服务,从而提高销售效率和客户满意度。

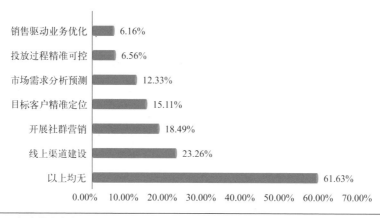

图5-25　2023年内蒙古自治区民营企业市场营销数字化场景覆盖程度

7.售后服务数字化程度

2023年的问卷调查显示,内蒙古自治区民营企业在售后服务的数字化场景实施方面也显示出了一定的滞后性。其中,高达60.04%的企业尚未全面实现售后服务的数字化覆盖(见图5-26)。许多企业在利用数字技术优化客户服务体验方面仍有较大的提升空间。

客户满意度调查方面的数字化实施率相对较高,占比为27.04%(见图5-26)。此类企业开始利用数字工具,如在线调查、社交媒体反馈和数据分析工具来评估和提升客户满意度。客户满意度调查是企业理解和满足客户需求的重要手段,通过有效的数据收集和分析,企业能够更好地调整其产品和服务,从而提升客户忠诚度和品牌声誉。

在订单质量管理方面的数字化实施率为23.66%(见图5-26)。订单质量管理的数字化对于提升运营效率、降低错误率、提高客户满意至关重要。此类企业多运用数字化手段来跟踪和管理订单流程、质量控制和售后问题处理等。

整体而言,内蒙古自治区的民营企业在售后服务的数字化应用水平比较有限,需要采取更加积极主动的策略,可从以下方面逐步加强和推进:一是加强客户反馈的数字化收集和分析,利用在线调查、社交媒体监测和数据分析工具来收集和分析

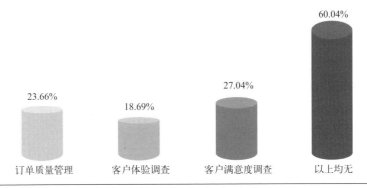

图5-26　2023年内蒙古自治区民营企业售后服务数字化场景覆盖程度

市场偏好与客户反馈，及时调整产品和服务策略；二是在订单质量管理方面进一步加强数字化场景开发与应用，通过建立电子订单跟踪系统和质量控制工具来优化订单处理流程，减少错误并提升客户满意度；三是利用数字化工具提升售后服务效率，比如使用在线客服系统、自动回应工具和移动应用程序等来提供更快速、更便捷的服务。通过推进以上措施的应用程度，内蒙古自治区的民营企业或可更好地满足客户的需求，从而提升品牌形象和市场竞争力，同时也为企业的持续发展奠定坚实的基础。

8. 数字化人才投入

2023年，内蒙古自治区民营企业对数字化人才的投入显示出了较低的趋势，高达71.77%的企业没有对数字化人才进行专门投入。只有1.79%的企业能在数字化人才上的投入达80.00%以上（见图5-27）。只有极少数企业将数字化转型作为其核心战

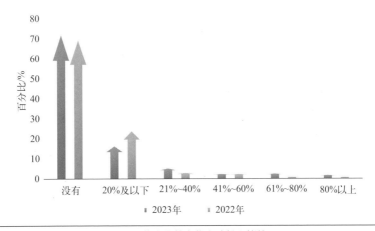

图5-27　2023年与2022年内蒙古自治区民营企业数字化人才投入比较

略的一部分，而大多数企业可能还没有完全实现数字化人才的供给满足。与2022年相比，内蒙古自治区民营企业总体对数字化人才的投入呈现降低趋势。宏观经济环境的变化可能导致企业减少在所有领域的投资，包括人才培训和引进。而数字化人才与企业之间的供需适配，也是内蒙古自治区民营企业面临的较大困境。

（五）民营企业数字化认知与增长能力

1. 数字化人才缺口

调查结果进一步表明，2023年，内蒙古自治区民营企业在数字化管理人才、专业人才和基础人才的需求方面均有缺口。相较2022年，这三类数字化人才的需求均有所提升（见图5-28）。

数字化管理人才通常负责制定和推动企业的数字化转型计划，缺乏这类人才可能导致企业在数字化转型的道路上缺乏明确方向和有效执行。数字化专业人才是指在企业特定的数字技术领域，如数据分析、云计算、人工智能等领域具有专业技能的人才，这类人才对于企业利用先进技术提升运营效率、开发新产品和服务至关重要。而数字化基础人才缺乏则影响到企业整体员工在数字工具和平台使用上的能力，这可能会阻碍企业日常运营的数字化进程和效率。

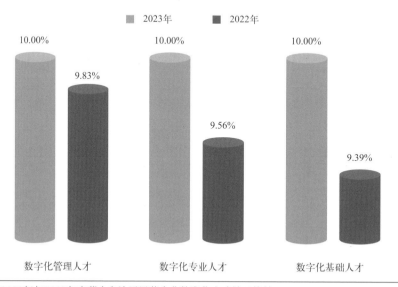

图5-28　2023年与2022年内蒙古自治区民营企业数字化人才缺口比较

为应对这一挑战，内蒙古自治区民营企业在相关政策支撑和资金充沛的情况下可考虑采取以下措施：一是加强内部培训和能力提升，通过内部培训项目提升员工的数字技能，特别是对基础和专业技能的培养；二是积极引进外部人才，通过招聘、与高校合作或与专业培训机构合作，引进或培养所需的数字化人才；三是设计并加强一系列激励机制的落实，提高数字化人才的吸引力，通过提供具有竞争力的薪酬、职业发展机会以及良好的工作环境来吸引数字化人才；四是构建多元化的人才梯队，确保从管理层到基层员工都有适当的数字化技能培训和发展计划。

2.数字化政策知晓度

2023年的调查结果显示，在内蒙古自治区数字企业中，对数字化转型政策的知晓度相对较高，但在实际应用和从政策中获得支持方面却显得相对较低。具体来看，近八成企业知道有关数字化转型的政策，这表明政策的宣传和传播工作相对有效，大多数企业至少在一定程度上了解政府提供的相关支持和资源。

然而，仅有5.00%左右的企业申请了相关政策支持，且在这些申请的企业中，仅有3.00%的企业实际享受到了相关政策支持。这一现象可能由多种因素造成。首先，可能是由于企业在申请过程中遇到障碍，如支撑政策的信息覆盖度、复杂的申请程序、资格限制、资金分配的滞后或不透明等。其次，企业可能缺乏足够的资源或知识去有效利用这些政策，或者对政策的实际效用持有疑问。此外，企业可能还未准备好进行数字化转型，或者其转型计划与政策支持的范畴不符（见图5-29）。

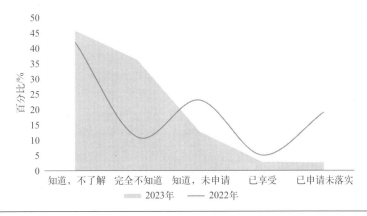

图5-29 2023年与2022年内蒙古自治区民营企业政策了解情况比较

与2022年相比，知晓数字化转型政策的企业占比有所提升，这是一个积极的趋势，表明政策传播和企业对数字化转型重要性认识有所提高。为进一步提高政策的应用度和实际效果，可考虑提升支撑政策的覆盖度和普及度，增加政策宣传和培训，通过举办研讨会、培训班等方式，帮助企业更好地了解如何申请和利用政策；与此同时，继续简化申请流程，让申请政策支持更加简便快捷，减少企业的行政负担，提供更具针对性的支持，根据企业的具体需求和特点，提供更多定制化的政策支持和资源；此外，还要进一步加强政策反馈和调整机制，根据企业反馈和市场变化，及时调整政策，确保其持续符合企业的实际需要。

3. 数字化政策信息获取

2023年，内蒙古自治区民营企业在了解政策信息方面采用了多样化的途径，社交媒体和中央媒体仍然是企业获取政策信息的重要渠道。其中社交媒体和各类媒体渠道成为其主要的信息来源。具体来看，1/3以上企业通过社交媒体了解关于数字化转型的相关政策（见图5-30）。社交媒体的优势在于实时性强、互动性高，能够快速传播信息，并且容易接触到更多定制化和具有针对性的内容。此外，从中央媒体、地方媒体、商业媒体获取政策信息的企业接近七成，表明传统媒体渠道仍然是重要的政策信息来源。然而，从政府官方网站、协会与联盟、海外网站媒体等途径获取政策信息的企业比例相对较低，仅占大约1/5。这些渠道的信息成为社交媒体、中央媒体和商业媒体等较主流媒体的补充。

与2022年相比，企业通过不同渠道知晓政策的程度加强，企业也在努力通过各类信息渠道寻找和获取企业发展相关信息，以便更全面地了解和利用相关政策。

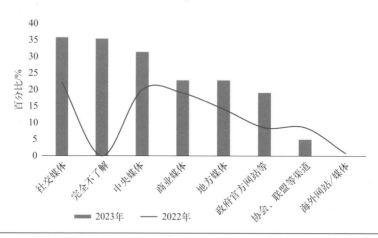

图5-30　2023年与2022年内蒙古自治区民营企业政策信息获取途径比较

4. 数字化转型期望

内蒙古自治区民营企业对政府在支持数字化转型升级方面的期望主要集中在人才引进、税收优惠和金融支持三个方面。

人才引进是企业数字化转型期望的首要选择，占比高达56.98%，相比2022年增长10个百分点左右（见图5-31）。企业越来越意识到专业人才对于数字化转型成功的重要性。半数以上民营企业期望政府能通过提供培训补贴、优化移民政策、增加高等教育投入等方式来促进专业人才的培养和吸引。专业人才不仅包括技术专家，如数据科学家、软件工程师、系统分析师等，也包括能够将技术应用于业务创新的管理人才。

税收优惠作为民营企业数字化转型的次要选择，占比22.91%，比去年略有下降（见图5-31）。税收优惠可以通过减轻企业在数字化转型过程中的财务负担，鼓励企业进行必要的技术投资和创新尝试。这些民营企业期望政府能够提供更多针对数字化项目的税收减免或补贴政策。

金融支持作为第三选择，表明企业需要更多的资金援助来实施数字化项目。部分企业期望政府可以通过低息贷款、投资基金、风险投资支持等方式，帮助企业分担数字化转型所需要的大额资金问题，这对于小型和中型企业来说尤为关键。

值得注意的是，产业投资在民营企业的选择中有明显下降，这可能表明企业更倾向于通过内部能力建设和政策激励来推动数字化转型，而非直接的产业投资。

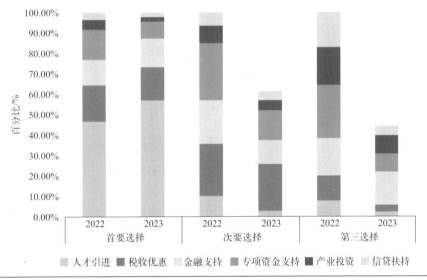

图5-31　内蒙古自治区民营企业对政府在支持数字化转型升级方面的期望比较

政府在推动数字化产业发展中扮演着关键角色。通过制定行业标准、建设基础设施、优化营商环境、支持技术平台建设和组织示范培训交流等措施，政府不仅能够促进数字化产业的健康发展，还能够帮助企业更好地适应数字化时代的挑战和机遇。2023年调研的内蒙古自治区民营企业认为当前政府在加速推动数字化产业发展方面最重要的措施主要可从以下几方面着手。

一是行业标准制定。在数字化产业中建立统一的标准和规范非常重要。这些标准不仅能够为企业提供明确的指导和参考，促进行业内部的互操作性和兼容性，还有助于提高产品和服务的质量。内蒙古自治区政府应加强数字化产业的数据标准和行业标准的制定和推广，鼓励行业协会参与标准制定，与国家数据要素市场和整体民营企业产业数字化和数字产业化标准接轨来发挥有益作用。

二是基础设施建设。构建稳健的数字基础设施对于数字化产业发展极为重要，而高速互联网、数据中心、云计算平台等基础设施的建设和升级，是数字化转型的基石。但不是所有的民营企业都需要花费巨额投资来建设数据中心和云计算平台等。民营企业可依据自身规模、发展阶段、数据体量、业务需求以及市场偏好等综合因素，来决定数字化转型的业务环节、进程阶段以及方式路径等。

三是营商环境。创建一个有利于数字化产业发展的营商环境，包括简化行政程序、提供政策支持、保护知识产权、确保市场公平竞争等，对吸引投资、鼓励创新和创业至关重要。内蒙古自治区不同行业、地区和规模的民营企业如何通过数字化转型来优化自身的业务产品，保持长久持续的市场竞争力，需要政府从政策方面对数字化营商环境进行塑造和推广。

四是技术平台。支持和发展各类技术平台，如大数据平台、人工智能平台、区块链平台等，可以促进技术创新和应用，为企业提供技术支持和服务。随着数字技术的不断迭代和普遍应用，内蒙古自治区民营企业要保持高度的敏感性，特别是在人工智能技术发展如火如荼的当下，如何依托传统优势来应用并发展新兴优势，需要从省域层面进行统筹推动。

五是示范培训交流。通过建立示范项目、组织培训和交流活动，分享成功案例和最佳实践，帮助企业了解和学习数字化转型的策略和方法。政府或行业领头羊搭建共享平台，鼓励已经或正在通过数字化转型实现业务优化和产业迭代的企业发挥先锋模范带头作用，对自身数字化转型的选择策略及困境结果等进行分享，为后来者积累有效经验，提供有益参考。

六、

内蒙古自治区民营企业绿色发展

当今全球越发关注绿色发展与生态文明，"绿水青山就是金山银山"发展理念已成为中国特色社会主义生态文明建设的核心指导思想。内蒙古自治区作为中国北方重要的生态安全屏障和绿色发展先行区，走绿色发展路线不仅是一种战略选择，也是对国家政策的积极响应和实现区域经济高质量发展的必然要求。凭借丰富的自然资源和独特的地理优势，内蒙古自治区民营经济得以繁荣发展。在新发展阶段，民营企业更应强调发展与自然的和谐共生，坚持走生态优先、绿色发展的道路。

随着"十四五"规划的深入实施和生态文明建设的不断加强，内蒙古自治区民营企业面临着转型升级的历史性机遇。国家在财税、金融、技术等方面的政策支持，包括绿色产业的税收优惠、金融支持、技术创新资金的扶持，都为民营企业的转型升级提供了强大动力。

绿色发展是提升民营企业自身核心竞争力的关键。面对全球经济一体化和市场多元化的新形势，坚持绿色发展的企业更容易获得市场的认可和消费者的青睐。然而，要实现真正意义上的绿色发展，内蒙古自治区民营企业还需克服诸多困难，如技术创新能力的提升、绿色管理和运营模式的构建，以及对绿色发展理念的深入理解和实践等。这需要企业、政府、社会各界的共同努力，形成推动绿色发展的强大合力。

（一）民营企业绿色发展整体性分析

2023年内蒙古自治区民营企业在能源消耗、用水量和温室气体排放方面与2022年相比呈现出显著变化。本部分将从行业环境可持续发展和企业绿色发展多元诉求两方面对民营企业绿色发展展开整体性分析。

1. 行业环境可持续发展

2023年，大多数企业在能源消耗方面已达到行业平均水平。如图6-1所示，处于行业领先水平的企业数量占比为14.51%，而行业平均水平的企业占比为38.17%，另有40.95%的企业不造成重大能源消耗。用水量方面，行业领先水平的企业占比为15.31%，略高于能源消耗的领先企业比例；行业平均水平的企业占比为42.74%，表明大多数企业开始重视用水效率。温室气体排放方面，行业领先水平的企业占比为15.70%，行业平均水平企业占比为33.4%。2023年处于行业平均水平的民营企业在能源消耗、用水量和温室气体排放方面较2022年均呈现下降趋势，反映了行业结构变化、政策和市场环境对企业采取更加节能环保措施的要求，而技术发展也提高了部分企业的能源和用水效率。

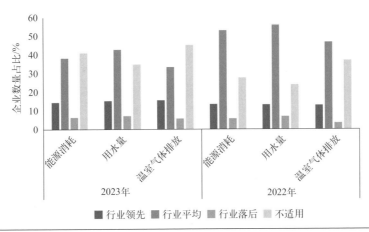

图6-1　2023年与2022年内蒙古自治区民营企业能源消耗、用水量及温室气体排放水平对比

　　受市场趋势、政策导向和技术创新发展的影响，2023年内蒙古自治区民营企业在污染物排放控制方面显著改善。如图6-2所示，17.89%的企业在污染物排放控制方面处于行业领先水平，较2022年上升2.62%，表明越来越多的企业重视环境保护，采取有效的污染减排措施，如增加对清洁技术的使用和污染控制系统研发的资源投入等。34.59%的企业处于行业平均水平，较2022年下降约14.69%，这主要由于原本位于行业平均水平的企业污染物排放控制能力有了显著提升。处于行业落后水平的民营企业占比与2022年基本持平，表明仍有部分企业在污染控制方面落后于行业标准。

　　综上，内蒙古自治区民营企业在环境管理和污染控制方面正发生着积极转变。企业对环境保护和可持续发展的重视，不仅有助于降低对环境的负面影响，也有利于提升企业的整体竞争力和市场形象。未来政府可进一步提供环境管理培训、技术支持和政策指导，帮助企业提高污染物排放控制的水平，通过制定合理的环境法规和标准，引导企业向更环保、更可持续的方向发展。

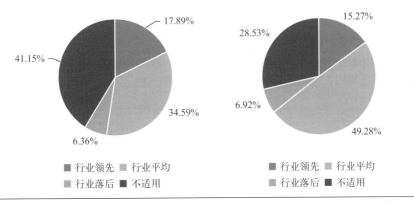

图6-2　2023年与2022年内蒙古自治区民营企业污染物排放水平对比（左：2023年；右：2022年）

图6-3揭示了2023年内蒙古自治区民营企业在固体废物处置效率水平方面的改善情况。17.89%的企业处于行业领先水平，较2022年提高1.18%，企业或采取了更为先进的废物处置管理技术，更加重视废物循环利用，反映出企业在环境可持续性方面的积极态度和努力。处于行业平均水平企业的占比为34.99%，较2022年下降12.56%，这表明更多企业正在朝行业领先水平迈进。6.16%的企业处于行业落后水平，与2022年基本持平，说明部分企业仍需采取更多改进措施以提高固体废物处置效率水平。

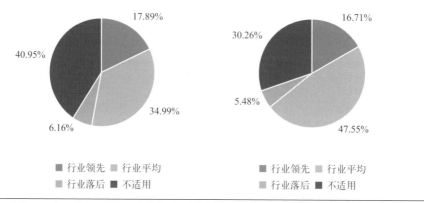

图6-3　2023年与2022年内蒙古自治区民营企业固体废物处置效率水平对比（左：2023年；右：2022年）

2023年，内蒙古自治区民营企业采取了更加积极的绿色生产举措。如图6-4所示，首先，选择绿色供应商和促进供应链绿色管理占比达到14.79%，位居所有绿色举措之首，表明企业正在寻求与环保意识强的供应商合作，以减少整个供应链对环境的影响。其次，调整用能结构、降低不可再生能源比例的措施占比为13.66%，反映出企业正在降低对不可再生能源的依赖以及增强对可再生能源的利用。加快节能降碳先进技术的研发、推广和应用的措施占比为11.95%，表明企业正投资新技术以提高能效和减少碳排放。此外，加强环保投入和调整产品结构的企业占比分别为10.24%和8.25%。总体而言，近六成民营企业已积极采取绿色行动，以便在日益增长的绿色市场中获得优势，这种转变对于推动地区乃至全国实现环境保护和可持续发展的目标具有重大意义。

2. 企业绿色发展多元诉求

内蒙古自治区民营企业在发展过程中也面临着严峻挑战。如图6-5所示，人才匮乏是最主要的挑战之一，占比达到22.57%。专业人才不足可能导致企业难以有效实施绿色战略，阻碍其可持续发展进程。16.77%的企业认为绿色发展短期难见效益，反映了企业在投资环保和绿色技术时对收益有所权衡。多数环保措施和技术需

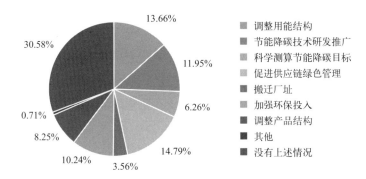

图6-4 2023年内蒙古自治区民营企业绿色生产举措

要长期投入，这对注重短期利润的企业来说构成挑战。15.64%的企业认为对"双碳"政策解读有所欠缺，另有14.50%的企业担心在绿色发展中存在资金链、供应链问题，与此相近，需要额外资金投入以及技术力量薄弱的企业占比分别为14.00%和11.22%。

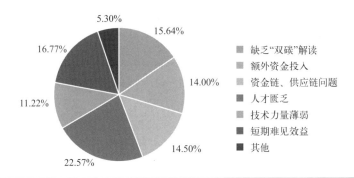

图6-5 2023年内蒙古自治区民营企业绿色发展困境

内蒙古自治区民营企业在绿色发展方面的首要诉求反映了其在实现可持续发展方面的主要需求。如图6-6所示，两个首要诉求分别是制定针对性指导标准和强化"双碳"政策解读，均占比21.87%。明确的指导标准可以帮助企业制定有效的环境管理战略，而对"双碳"政策的深入理解则是企业制定长期可持续战略的关键。优化环评服务的需求占比为14.51%，反映了企业对于环境影响评估服务改进和提升的需求。有效的环评服务不仅有利于企业更好地治理环境问题，也能助力它们在法规遵从和环境风险管理方面取得进展。提供企业交流机会和提供绿色转型服务的诉求占比接近，分别为12.52%和12.33%，即企业既希望通过交流和专业服务来加速其绿色转型过程，又需要有具体的技术和管理经验支持。加强企业绿色金融支持的诉求占比为8.35%，表明企业需要更多的财务资源和工具支持其投资绿色项目。

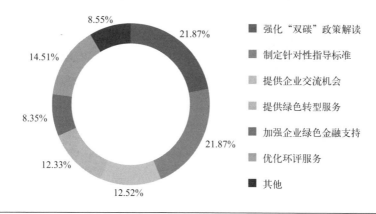

图6-6   2023年内蒙古自治区民营企业绿色发展首要诉求

图6-7反映内蒙古自治区民营企业绿色发展的次要诉求分布，揭示了企业在实现可持续发展方面的具体需求。制定针对性指导标准和提供企业交流机会的诉求占比最高，分别为22.67%和22.20%，反映出企业对于明确指引和同行交流的重视。明确的指导标准能帮助企业更好地理解和执行绿色发展的具体要求，而交流机会则能促进知识分享和合作，帮助企业学习和采纳最佳实践。提供绿色转型服务的诉求占比21.00%，表明企业需要专门的技术支持、市场分析、策略规划等服务来帮助他们实现技术、管理和策略上的绿色转型。加强企业绿色金融支持的诉求占比16.47%，表明企业在追求绿色发展的过程中，需要更多的财政资源。优化环评服务的诉求占比9.07%，尽管在次要诉求中排名较低，但在一定程度上表明企业仍然重视环境影响评估的质量和效率。

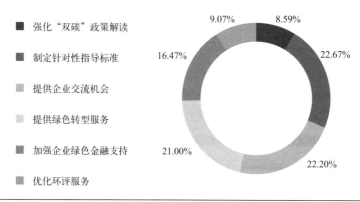

图6-7   2023年内蒙古自治区民营企业绿色发展次要诉求

内蒙古自治区民营企业在绿色发展第三诉求中，提供企业交流机会居首位，占比为25.79%（见图6-8），表明企业非常重视与同行及其他利益相关者的交流与合作。

通过交流，企业能够分享经验、学习最佳实践，并有可能发现合作机会，从而加速绿色转型。提供绿色转型服务诉求和加强企业绿色金融支持诉求占比分别为20.75%和19.50%。制定针对性指导标准的诉求占比为13.84%，即企业需要明确的指导和框架来有效地实施绿色发展。优化环评服务的诉求占比为10.69%，表明企业在进行环境影响评估时需要更高效和更准确的服务，以确保其项目和运营符合环境法规和标准要求。

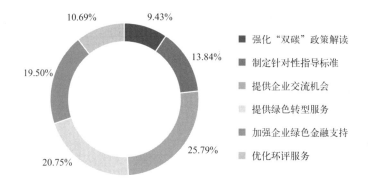

图6-8　2023年内蒙古自治区民营企业绿色发展第三诉求

（二）民营企业绿色发展行业差异

1. 能源消耗和污染物排放存在显著行业差异

2023年，内蒙古自治区民营企业在能源消耗和污染物排放方面的表现呈现出行业间差异（见图6-9）。通过分析农林牧渔业、建筑业、采矿业和制造业四个主要行业的能源消耗情况，可以洞察各行业在环境管理和能源效率方面的具体表现和趋势。

所有行业中，环境管理和能源效率处于落后水平的总体占比最低，表明多数企业已达到行业平均水平。农林牧渔业和建筑业中，不适用此类统计的占比最高，可能由于这些行业中的一些企业规模较小，或其业务性质使得能源消耗和污染物排放与大型工业企业相比较低。采矿业和制造业中，行业平均占比最高，特别是在制造业中，2022年和2023年行业平均占比均在75.00%及以上，这些行业在能源消耗方面较为集中，说明多数企业在能源效率和管理方面达到了行业平均水平。

与2022年相比，各行业在能源消耗水平上的差异更加明显。特别是在农林牧渔业中，行业平均水平的降幅达32.08%，1/3的企业在提高能源效率和降低能源消耗方面取得显著进步。同时，采矿业和制造业中行业落后的占比有所增加，表明这些行业中还有部分企业需要在能源管理和环境保护方面做出更多努力。

为进一步提升企业的能源利用、降低污染物排放，企业需要在能效提升、清洁能源应用和环境管理方面扩大投入和加强创新，从而实现环境与经济的双重可持续发展。

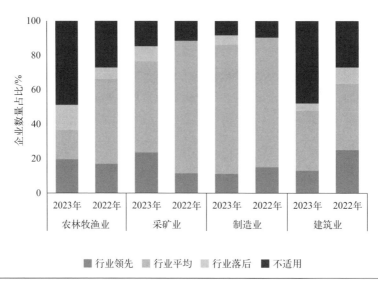

图6-9　2023年与2022年内蒙古自治区民营企业能源消耗行业水平对比

2023年内蒙古自治区民营企业用水量表明，多数企业已达到行业平均水平（见图6-10）。特别是在建筑业中，不存在行业落后的民营企业。相较而言，采矿业和制造业中处于行业平均水平的企业占比最高，分别为61.76%和66.67%，两个行业的运营性质和生产过程均对用水有较大需求。此外，各行业在用水量上的差异较2022年

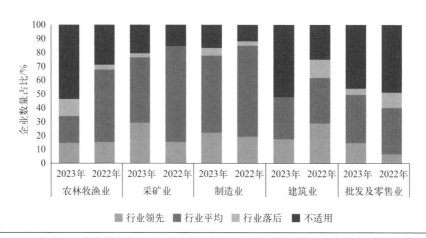

图6-10　2023年与2022年内蒙古自治区民营企业用水量行业水平对比

更加明显，尤其在农林牧渔业中，行业平均水平的降低幅度显著，表明该行业的企业在节省用水上取得了显著进步。

在采矿业和制造业中，处于行业污染物排放平均水平的企业占比最高，分别达47.06%和55.56%（见图6-11）。特别是制造业，由于生产过程中可能涉及各种污染物的排放，在环境管理上面临着更大挑战。2023年各行业在污染物排放水平上的差异也比2022年更加明显。特别是农林牧渔业，行业平均水平的降幅显著，说明该行业的部分企业在减少污染物排放方面取得了显著的进步。

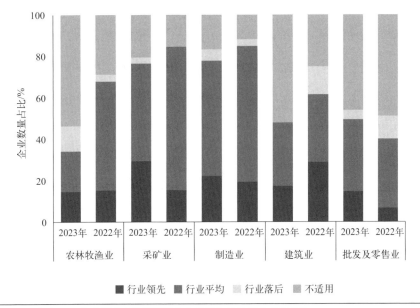

图6-11　2023年与2022年内蒙古自治区民营企业污染物排放行业水平对比

2023年内蒙古自治区民营企业温室气体排放表明，行业落后的总体占比最低，这是一个积极的迹象，说明多数企业至少已达到行业的平均水平。采矿业和制造业中，处于行业平均水平的企业占比最高，表明这两个行业在温室气体排放方面的集中趋势，可能由于这些行业的生产过程能耗较大（见图6-12）。

2023年，对内蒙古自治区民营企业固体废弃物处置效率进行分析发现，处于行业落后水平的企业占比最低，多数企业至少已达到行业平均水平。采矿业和制造业中，行业平均占比最高，主要是由于这些行业的运营性质和生产过程涉及较多的固体废弃物，在处置方面也面临更大挑战。2023年农林牧渔业中处于行业平均水平的企业较2022年占比大幅降低，由55.93%降至17.07%（见图6-13），表明该行业的部分企业在固体废弃物处置效率方面取得了显著进步。

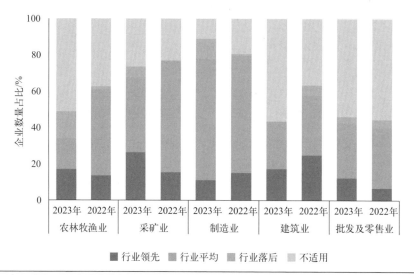

图6-12 2023年与2022年内蒙古自治区民营企业温室气体排放行业水平对比

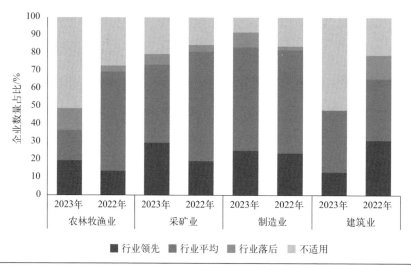

图6-13 2023年与2022年内蒙古自治区民营企业固体废弃物处置效率行业水平对比

2.各行业企业在绿色生产方面面临不同机遇与挑战

对内蒙古自治区民营企业的绿色生产举措进行综合分析可发现，各行业之间存在显著差异，不仅表现在采取的具体措施方面，也体现在各行业绿色转型和可持续发展中所面临的挑战。

打造数智化平台的企业在多个行业中占比最高，表明数字化和智能化转型成为众多企业优先考虑的绿色举措，尤其是在租赁和商务服务业中，有超过七成的企业正在打造数智化平台（见图6-14）。通过利用数字技术，企业能够提高效率、优化资源配置、减少浪费，提升环境整体表现。相反，搬迁厂址作为绿色生产举措之一，在各行业中占比最低，这是因为其作为一项高成本决策，并非所有企业都有能力或有意愿采取。

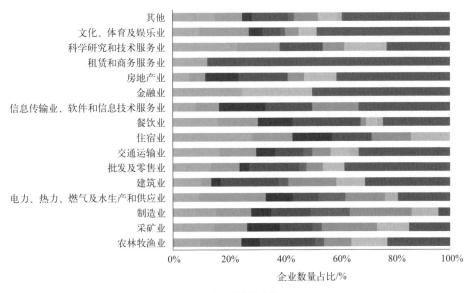

图6-14　2023年内蒙古自治区民营企业绿色生产举措行业差异

　　第一产业（农林牧渔业）和第二产业（制造业、采矿业等）的企业占比在绿色生产举措方面相对较高。这些产业的运营直接涉及生产和能源使用，在环境管理和可持续发展方面面临着更直接的压力和机遇。而在金融业、租赁和商务服务业等领域，由于业务性质和运营模式与传统的环境影响因素联系不大，因而绿色生产举措相对较少。内蒙古自治区民营企业在绿色生产方面展现了多样化的趋势。对于民营企业而言，采取适合其业务性质与发展需求的绿色生产举措至关重要。企业需要在绿色生产的各个方面进行创新和投资，以实现更高效、更可持续的运营。

　　综合各行业在绿色发展方面的异同，可探查内蒙古自治区民营企业在绿色转型上面临的瓶颈。如图6-15所示，除邮政业外，几乎所有行业都存在对"双碳"政策理解不足的问题，即许多企业尚未能完全理解或适应国家"双碳"政策，因而影响其制定有效的绿色发展战略。此外，人才匮乏是一个普遍的问题，在第三产业中更为突出。在追求绿色低碳发展的过程中，企业员工需要掌握包括环境管理、可持续技术、能源效率等在内的专业知识和技能，而知识与技能的缺乏则会导致企业在执行绿色战略和应用技术方面面临困难。此外，绿色发展困境多与行业特性紧密相关，如住宿业、租赁和商务服务业，以及交通运输业在资金链和供应链方面的需求较大，是由于这些行业需要大量投资以实现设备更新、节能技术引入和供应链改造等方面的绿色转型，因此资金和资源的限制可能成为它们实现绿色发展目标的主要障碍。

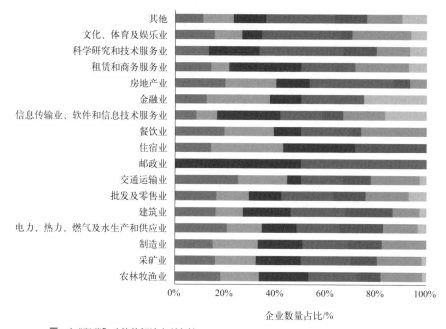

图6-15　2023年内蒙古自治区民营企业绿色生产困境行业差异

　　总体而言，绿色低碳发展是民营企业的大势所趋，但在实现这一目标的过程中，企业需要克服多种挑战，不仅要在技术和管理上进行创新，还需要更好地理解和适应相关的环保政策。未来，政府和相关组织可以提供政策解读、人才培训、技术支持和财务援助等。此外，企业之间的合作和共享也是推动绿色转型的关键，由此企业可以更有效地实现绿色低碳发展，促进整个区域的可持续发展。

为更有针对性地制定内蒙古自治区民营企业的纾困策略，本报告对不同行业民营企业的绿色发展诉求进行了统计分析。在绿色发展首要诉求"制定针对性指导"中，各行业存在显著差异。住宿业、制造业和金融业对制定针对性指导的诉求强烈，占比均超六成，其中住宿业以66.67%占比位居首位（见图6-16），可能由于这些行业对环境管理和可持续实践有着更高的标准与要求。信息传输业、餐饮业和文娱业中，对制定针对性指导的需求相对较低，占比低于1/3，其中信息传输业的需求最低，仅为1/4，主要由于这些行业的业务模式和运营方式与传统的环境因素关联较小，或已具备较好的环境管理体系并采取了绿色实践。

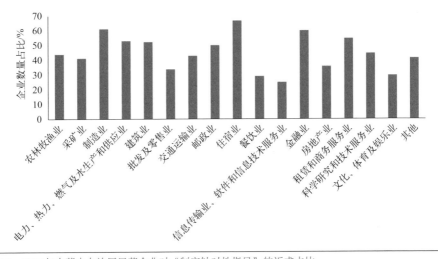

图6-16　2023年内蒙古自治区民营企业对"制定针对性指导"的诉求占比

图6-17反映出内蒙古自治区民营企业对"强化'双碳'政策解读"次要诉求占比的显著差异，揭示了不同行业对理解和适应国家"双碳"政策不同程度的需求。交通运输业在强化"双碳"政策解读方面的诉求最高，占比达42.86%，主要由于交通运输业是碳排放的主要来源之一，因而对于政策理解有着更为迫切的需求。农林牧渔业和住宿业对这一诉求的占比也相对较高，均超过1/3，反映了这些行业在实现"双碳"目标过程中面临的挑战，并较多涉及能源密集型的活动。相比之下，房地产业、租赁和商务服务业对强化"双碳"政策解读的诉求占比更低，均不超10%。其中房地产业的占比仅为7.14%，这可能因为这些行业的企业认为自身的碳排放相对较低，或已在一定程度上理解了"双碳"政策并采取了有效措施。

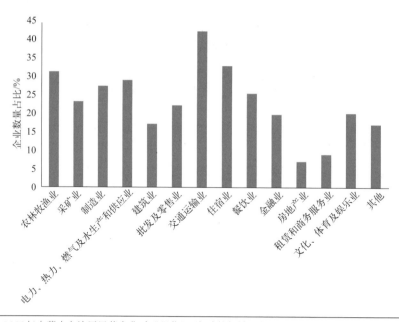

图6-17　2023年内蒙古自治区民营企业对"强化'双碳'政策解读"的诉求占比

类似地，内蒙古自治区民营企业对"提供企业间交流机会"诉求的关注度也呈现出明显的行业差异，体现出各行业在发展过程中对于知识共享和合作机会的不同需求和重视程度。住宿业和金融业对提供企业间交流机会的需求最为强烈，分别占比66.67%和40.00%（见图6-18），反映出这些行业的企业在面对快速变化的市场和技术环境时，需要不断学习和适应新的趋势和实践。住宿业需要了解最新的客户服务和可持续运营实践，而金融业则寻求在金融科技与环境、社会和公司治理（ESG）投资领域的最新知识和策略。企业间的交流可以促进知识共享，激发创新思维，帮助企业更好地适应市场和技术的变化。

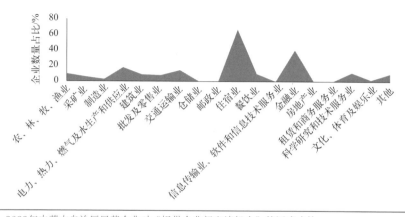

图6-18　2023年内蒙古自治区民营企业对"提供企业间交流机会"的诉求占比

（三）民营企业绿色发展规模差异

1. 微型企业在多个领域表现出色

2023年内蒙古自治区不同规模的民营企业在能源消耗规模方面存在显著差异。微型企业在"行业领先"类别中占比最高，达到15.63%（见图6-19）。微型企业由于规模较小，能在特定领域有独特的优势且更加灵活地采纳新技术。"行业平均"水平的企业中，中型企业的占比高达56.76%，主要由于中型企业具有更多资源来实施环保措施，但在生产和运营过程中的能源消耗和污染物排放面临着更大挑战。"行业落后"类别中，微型企业占比同样最高，为7.67%。尽管部分微型企业在能源和环境管理方面表现突出，但仍有相当企业存在不足。

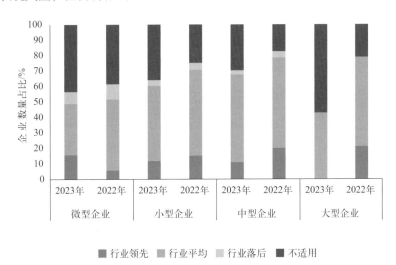

图6-19　2023年与2022年内蒙古自治区民营企业能源消耗规模水平比较

2023年不同规模的民营企业用水量规模存在显著差异。与2022年相比，最为显著的变化是"行业领先"类别中微型企业比例大幅增加，反映出微型企业在提升环境管理方面的积极努力。具体而言，微型企业在"行业领先"类别中的占比最高，达17.05%（见图6-20），表明相当比例的微型企业在用水效率和管理方面表现出色。在"行业平均"水平的企业中，中型企业以62.16%的比重占据主导地位，体现出其在用水管理上投入的资源和努力。"行业落后"类别中，微型企业再次占比最高，为9.38%。与2022年相比，最显著的变化是在"行业领先"类别中微型企业比重增加近10.00%。

2023年内蒙古自治区不同规模的民营企业中，污染物排放情况处于"行业领先"

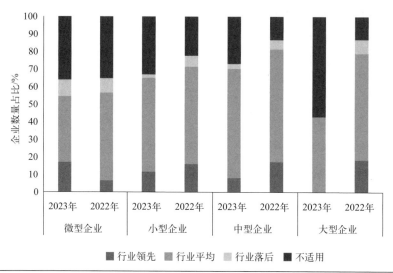

图6-20　2023年与2022年内蒙古自治区民营企业用水量规模水平比较

水平的企业中，微型企业占比最高，达到19.32%（见图6-21）。在"行业平均"水平的企业中，中型企业以51.35%的比重占据主导地位，意味着中型企业在污染物排放管理方面总体上达到了行业平均水平。总体而言，内蒙古自治区民营企业在污染物排放管理方面的表现与其规模特征紧密相关。为进一步减少污染物排放，政府可以根据企业的规模提供定制化支持措施，通过鼓励企业间的交流和合作，帮助不同规模的企业共同提升污染物控制水平。

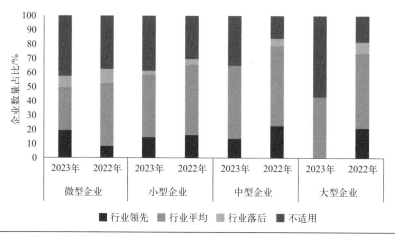

图6-21　2023年与2022年内蒙古自治区民营企业污染物排放规模水平比较

　　内蒙古自治区不同类型民营企业在温室气体排放方面亦具有规模差异。在温室气体排放处于"行业领先"的企业中，微型企业以17.61%的占比居首位（见图

6-22），即有相当比例的微型企业在减少温室气体排放方面表现出色。在"行业平均"水平的企业中，中型企业占据主导地位，占比为48.65%，意味着中型企业在温室气体排放管理方面总体上达到了行业平均水平。与2022年相比，最显著的变化是在"行业领先"类别中的微型企业比重增加近13.00%。

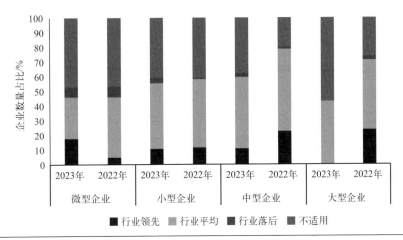

图6-22　2023年与2022年内蒙古自治区民营企业温室气体排放规模水平比较

在固体废弃物处置效率方面，处于"行业领先"的企业中，微型企业占比最高，近两成的微型企业在固体废弃物处置方面表现出色。"行业平均"水平的企业中，小型企业占比近半。与2022年相比，最显著的变化是在"行业领先"类别中的微型企业比重增加近10.00%（见图6-23）。

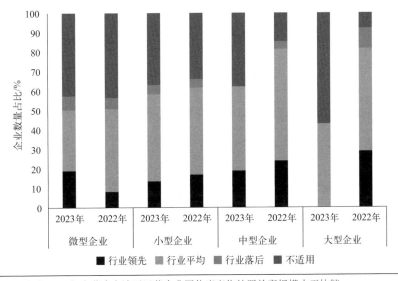

图6-23　2023年与2022年内蒙古自治区民营企业固体废弃物处置效率规模水平比较

2. 各规模企业普遍面临人才匮乏和短期见效难的挑战

内蒙古自治区不同规模的民营企业在绿色生产方面所采纳的举措兼具共性与差异性。如图6-24所示，微型企业采纳"选择绿色供应商，促进供应链绿色管理"和"调整用能结构，降低不可再生能源比例"的举措较高，分别占比20.17%和17.07%，此类企业正在积极通过优化供应链和能源使用来降低对环境的影响。微型企业规模较小，更容易调整供应链合作伙伴和能源策略。

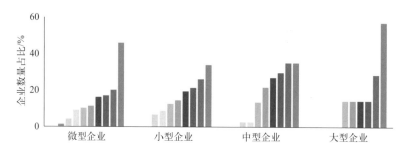

图6-24 2023年内蒙古自治区民营企业绿色生产举措规模差异

小型企业中，这两类举措的占比高于微型企业，分别为26.21%和21.36%，反映出小型企业对提升供应链的环境表现和能源利用效率的关注。

中型企业中，两个举措的占比高于前两类企业，分别为35.14%和29.73%。中型企业规模较大，面临着更复杂的供应链管理和能源使用问题，因此更重视在这两个方面的改进。

大型企业中，最受重视的绿色生产举措是"选择绿色供应商，促进供应链绿色管理"，占比为28.57%。大型企业可能有更复杂的供应链，因此注重通过选择环保的供应商和采用绿色管理实践来减少其对整体环境的影响。

不同规模的内蒙古自治区民营企业在绿色生产举措的选择上存在共性，特别是在优化供应链和提高能源效率方面。这些措施不仅有助于减少企业的环境足迹，也能提高其运营效率和市场竞争力。

通过多种绿色发展举措，内蒙古自治区不同规模民营企业绿色发展取得了一定程度进展，但仍面临着诸多挑战。图6-25反映了2023年内蒙古自治区不同类型的民营企业在绿色发展过程中所面临的困境。对于微型、小型和中型企业而言，"人才匮乏"均被认为是最棘手的问题，其次是"短期难见效益"。三类企业在两个主要问题的占比依次为34.95%和24.27%、34.95%和24.27%、45.95%和35.14%，即三类企业均在寻找具备绿色发展相关技能和知识的专业人才上面临困境，同时也受到来自短期难以实现环保投资回报的挑战。大型企业中，"人才匮乏""短期难见效益"和"对'双碳'政策的解读有所欠缺"均被视为主要困境，各占比28.57%。大型企业在实施绿色发展战略时，不仅需要面对短期难以获取回报的挑战，同时也需更好地理解和适应减碳政策。值得注意的是，在各种类型的企业中，没有企业认为"缺乏专项金融贷款支持"是企业绿色生产的主要困境，说明企业在绿色发展相关的金融支持方面获得了较为充分的政策支持。

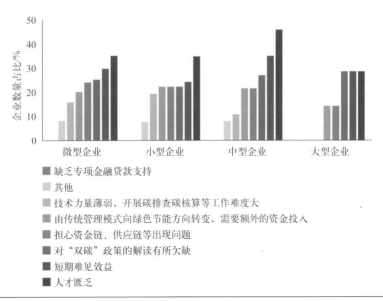

图6-25　2023年内蒙古自治区民营企业绿色生产困境规模差异

（四）民营企业绿色发展区域差异

1. 各地区企业基本已达到行业平均水平

2023年蒙东、蒙中和蒙西地区民营企业在能源消耗方面存在共性，多数企业处于行业平均水平。如图6-26所示，蒙东地区的企业总体上在能源消耗方面表现平均，处于"行业平均"水平的企业数量占比为39.39%，而"行业领先"和"行业落后"的企业分别占比13.64%和7.58%。蒙西地区"行业平均"企业占比较高，为39.27%，"行业领先"占比15.41%，"行业落后"占比5.44%，说明蒙西地区的企业在能源消耗方面表现较好，有较大比例的企业处于行业领先或平均水平。蒙中地区不适用该情况的企业占比高达45.28%，而"行业平均"企业数量占比33.96%，"行业领先"和"行业落后"的企业分别占比12.26%和8.49%。

与2022年相比，蒙中地区"行业平均"企业数量占比下降1/3，而不适用该情况的企业增长1/3。蒙西地区的"行业平均"企业数量占比增长近一成，但"行业领先"占比下降近1/3，"行业落后"企业占比下降亦近一成。这些变化反映了各地区企业在能源消耗和环境管理方面不同程度的进步与挑战。

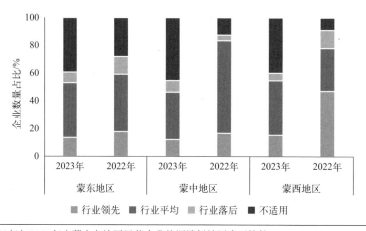

图6-26　2023年与2022年内蒙古自治区民营企业能源消耗地区水平比较

如图6-27所示，蒙东、蒙中和蒙西三个地区的民营企业在用水量管理方面也表现相当，企业总体上在用水管理方面大都处于平均水平。蒙东地区，处于"行业平均"水平的企业数量占比42.42%，而处于"行业领先"和"行业落后"的企业分别占比19.70%和6.06%；蒙中地区，处于"行业平均"企业数量占比为40.57%，处于"行业领先"和"行业落后"的企业各占11.32%；蒙西地区，处于"行业平均"水平的企业数量占比为43.50%，"行业领先"占比为15.71%，而"行业落后"占比为6.04%。

与2022年相比，蒙东地区"行业落后"企业减少6个百分点；蒙中地区"行业平均"企业数量占比下降近1/5；蒙西地区的"行业平均"企业数量占比增长近一成，但"行业领先"占比下降了1/3，"行业落后"下降了6个百分点。

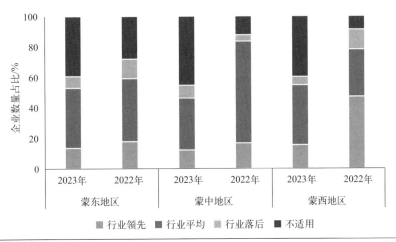

图6-27　2023年与2022年内蒙古自治区民营企业用水量地区水平比较

图6-28展示了2023年蒙东、蒙中和蒙西三个地区民营企业在污染物排放方面的比较，蒙东表现最优，蒙西次之。具体而言，蒙东地区处于"行业平均"水平的企业数量占比为43.94%，而处于"行业领先"和"行业落后"的企业分别占比13.64%、6.06%；蒙中地区处于"行业平均"企业数量占比为33.96%，处于"行业领先"和"行业落后"的企业分别占比14.15%和8.49%；蒙西地区，处于"行业平均"水平的企业数量占比为32.93%，处于"行业领先"占比为19.84%，而处于"行业落后"占比为5.74%。

与2022年相比，蒙东地区的"行业平均"企业占比增长了4个百分点，但"行业领先"企业下降了4个百分点，"行业落后"企业下降了7个百分点。蒙中地区

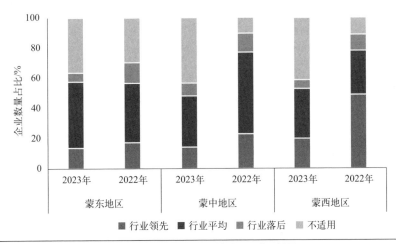

图6-28　2023年与2022年内蒙古自治区民营企业污染物排放地区水平比较

"行业平均"企业数量占比下降了1/5，"行业领先"企业下降8个百分点，"行业落后"企业下降了4个百分点。蒙西地区的"行业平均"企业数量占比增长3个百分点，但"行业领先"企业占比下降近三成，"行业落后"占比下降5个百分点。

如图6-29所示，2023年蒙东、蒙中和蒙西地区在温室气体排放方面处于"行业落后"水平的企业占比总体较低且差距较小，表明多数企业至少已达到行业基本标准。另外，处于"行业平均"水平的企业占比较高，显示出不同地区企业在碳排放管理方面的多样性。与2022年相比，各地区的"不适用"占比均有所增加，而"行业领先"占比有所降低或基本持平。其中，蒙西地区"行业领先"占比降低幅度最大，为29.12%。蒙西地区"行业领先"占比显著降低，表明该地区民营企业在减少碳排放方面面临更大挑战。总体来说，内蒙古自治区民营企业在温室气体排放管理方面的表现与地区特性紧密相关。

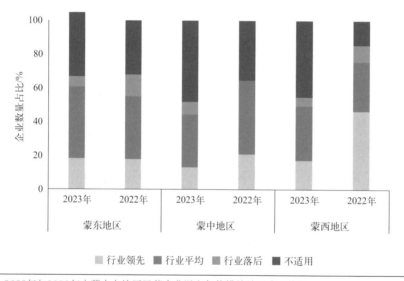

图6-29　2023年与2022年内蒙古自治区民营企业温室气体排放地区水平比较

2023年内蒙古自治区的固体废弃物处理效率呈下降趋势，其中蒙东地区和蒙西地区分别下降7.41%和11.67%（见图6-30），两地区企业在废物处理方面需要额外的支持和资源来改善其废物管理实践。在"行业领先"方面，全蒙地区都显示出同比下降，尤其是蒙西地区，从2022年的48.78%减少到2023年的19.94%，该地区企业在废物处理方面亟须提升处理效率。

2. 不同地区企业绿色生产举措采纳程度高

图6-31展示了2023年内蒙古自治区三大地区民营企业在绿色生产方面的举措。

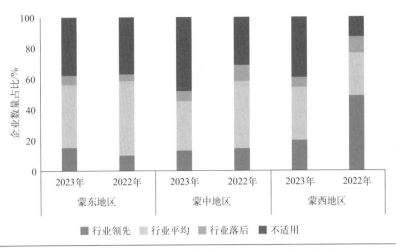

图6-30　2023年与2022年内蒙古自治区民营企业固体废弃物处置效率地区水平比较

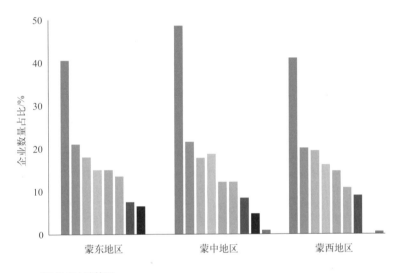

■ 没有上述情况

■ 选择绿色供应商，促进供应链绿色管理

■ 调整用能结构，降低不可再生能源比例

■ 加快节能降碳先进技术的研发、推广和应用

■ 加强环保投入，注重"三废"治理设施的改造升级

■ 调整产品结构，开发绿色新产品

■ 梳理企业生产经营及管理活动的碳足迹，科学测算短、中、长期节能降碳目标

■ 搬迁厂址，如迁往城市郊区等

■ 其他

图6-31　2023年内蒙古自治区民营企业绿色生产举措地区差异

全蒙超过四成企业未采纳上述绿色生产措施。提高对绿色生产重要性的认识，以及获得必要的支持和资源，对于民营企业未来的可持续发展至关重要。

在已采纳绿色生产措施的企业中，"选择绿色供应商""调整用能结构"以及"加强研发"等措施的企业占比相对较小，均不足1/5，说明企业在实施绿色生产措施的过程中，或面临着如何找到合适的绿色供应商、调整能源使用以降低环境影响，以及在绿色技术上进行足够的研发投入等挑战。

如图6-32所示，蒙东地区主要的绿色发展困境是人才匮乏和对"双碳"政策解读的欠缺，占比超过1/5，其中，近三成企业表明其人才匮乏。另外，"双碳"政策解读与担心资金链断裂等也是其面临的重要困境，选择企业占比均达1/4。这些挑战反映了蒙东地区企业在获取专业人才、理解和适应环保政策方面，以及在投资绿色项目上的财务担忧。

蒙中地区，面临技术力量薄弱的企业占比最高，占比近半，而人才匮乏和短期难见效益的问题也较为突出，占比约1/3。这表明地区企业在技术层面面临较大挑战，同时也面临缺乏专业人才和短期效益压力。

蒙西地区的主要困境是人才匮乏，占比近四成，紧随其后的是由传统管理模式向绿色节能方向转变需要额外的资金投入，占比近三成。此外，短期难见效益、"双碳"政策解读欠缺和资金链问题的占比也在1/4左右。这表明该地区的企业在实现绿色转型上既面临人才和技术挑战，也受到财务压力的影响。

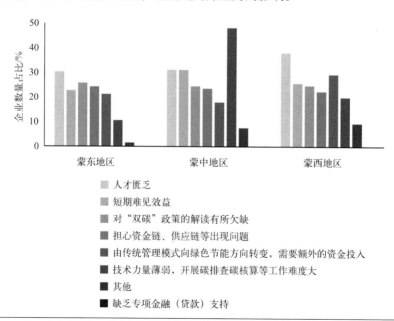

图6-32　2023年内蒙古自治区民营企业绿色生产困境地区差异

如图6-33所示，蒙东和蒙西地区将"制定针对性指导"作为首要诉求的企业占比相当，均在42.00%左右。这些地区的企业在绿色发展方面需要更加明确和具体的指导，以帮助它们理解和开展可持续发展的策略和实践。蒙中地区的企业对此诉求的占比相对较低，为35.85%，仍显示出对于针对性指导的重要需求。在次要诉求"强化'双碳'政策解读"方面，蒙中和蒙西地区占比相当，而蒙东地区的企业将其作为次要诉求的占比较低，仅为16.67%，这反映了蒙中和蒙西地区企业在理解和适应减碳政策方面的更大需求。在将"提供交流机会"作为第三诉求方面，各地区的企业占比均较低，只有蒙东地区略高，约为一成，而其他地区均不足一成，说明企业间的交流和合作在绿色发展策略中不构成主要关注点。

内蒙古自治区民营企业在绿色发展过程中最需获得的支持包括明确的指导、政策解读和交流机会。政府相关部门可通过提供定制化的咨询服务、政策解读和交流平台，帮助企业更有效地实现绿色转型。同时，鼓励企业合作和资源共享也是促进绿色发展的关键，帮助企业更好地适应绿色低碳大趋势，实现长期的可持续发展。

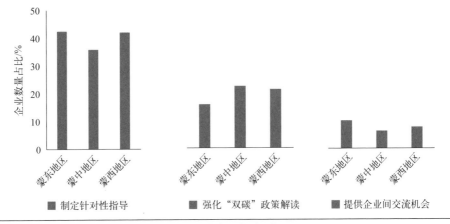

图6-33　2023年内蒙古自治区各地区民营企业绿色发展个别诉求

七、

内蒙古自治区民营企业营商环境

当前，我国处于经济高质量发展的关键时期，随着经济增长从追求高速向追求高质量转变，亟须完善硬件设施、改善营商环境，并将其作为经济发展的双轮驱动。营商环境作为企业经济和社会活动全过程的外部条件集合体，直接影响着市场主体的活力和经济发展的质量。

一个优良的营商环境，不仅包括政务透明、市场公正、法治完善等要素，更包含企业发展所需的多方面支持。在国际化、市场化的大背景下，软环境的优劣往往决定着一个地区经济发展的质量和企业竞争力的高低。

民营企业的兴旺发达，无疑是营商环境优化成果的直观体现。一个宽松友好的营商环境，能为民营企业提供成长的土壤，使其得以做大做强，最终推动整个民营经济的繁荣发展。内蒙古自治区历年来重视营造良好的民营企业营商环境，通过优化政策扶持，不仅推动了经济的持续发展，激发了各类市场主体的创造力和竞争力，也有效提升了市场竞争力。

本部分将从总体营商环境及其在行业、规模、地区等维度的影响，深入探讨内蒙古自治区民营企业的发展环境。通过多角度剖析，更全面地理解政策扶持对于营商环境优化的作用，以及民营企业在适应和利用这一环境中的机遇与挑战。

（一）民营企业营商环境整体性分析

民营企业对营商环境满意度的直观展示，包括政府执法、税收优惠和行政审批等多个关键维度的满意度评价。这成为理解民营企业的实际感受和需求的工具，是评估政府政策实施效果的重要依据。

1. 营商环境满意度未有显著提升

从2023年的数据中可以看出，各个评价维度的满意度均在55.00%以上（见图7-1），说明民营企业对营商环境整体持正面评价。其中，对工商部门执法的满意度高达70.18%，体现出内蒙古自治区在工商管理和市场监管方面所做的努力获得了企业的认可。这在一定程度上反映了工商部门在加强执法公正、提高办事效率以及保护企业合法权益等方面取得了极大进展。

此外，企业行政审批流程的便捷性也得到了较高评价（67.40%），表明简政放权、优化服务的措施在实际操作中取得了一定成效，为企业提供了更加高效的服务体验。而税收优惠政策的落实（67.20%）满意度评价较高，说明税收政策在一定程度上减轻了企业负担，激发了企业的发展活力。

然而，对于金融服务、创新环境、政策环境的满意度评价相对较低，这表明这些领域仍然存在改进的空间。金融服务的满意度尤其值得关注，因为金融是企业发展的血脉，满意度不高可能意味着企业在融资难、融资贵等问题上遇到了挑战。这应该是政府未来重点改进的方向。

　　对比2022年和2023年数据（见图7-1）可以看出，虽然在某些方面，如金融服务的满意度有所上升（2.19个百分点），但其他各项满意度并未显示出显著的提升。这可能意味着一年来政府在某些领域采取了一系列改革措施，但其效果并未完全达到预期，或改进的成效尚未被广大企业感知。值得注意的是，税收优惠政策落实的满意度下降了近6个百分点，这可能反映了内蒙古自治区各盟市在政策执行过程中存在问题，或者优惠政策的落实与企业的实际需求之间存在偏差。

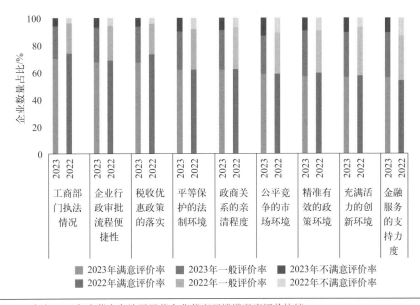

图7-1　2023年与2022年内蒙古自治区民营企业营商环境满意度评价比较

　　内蒙古自治区民营企业在2023年对营商环境整体满意度评价较高，但在金融服务、创新环境和政策环境等关键领域仍有改进空间。地方政府应当认真听取民营企业的反馈，分析存在问题的根源，制定并实施更为有效的政策措施，以进一步优化营商环境，推动地区经济的健康发展。

2.市场准入成为主要影响因素

　　内蒙古自治区民营企业在2023年面临的营商环境主要问题包括市场准入条件、政策支持、经济增速和人才缺失等，这些问题对企业的运营和发展产生了深刻影响。

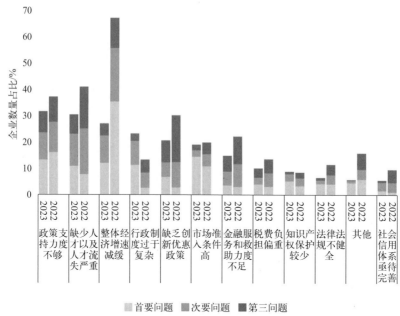

图7-2　2023年与2022年内蒙古自治区民营企业营商环境主要问题比较

　　首先，市场准入条件高是被调研企业认为存在阻碍的一个主要问题（见图7-2），2023年企业选择此项占比为14.51%，较2022年增加3.65%。企业在进入某些行业或市场时面临高门槛，如烦琐的许可和批准流程、资本要求、地方保护主义等。市场准入的高门槛可能会限制新企业的涌入，降低市场的竞争力，从而对创新和整体经济活力产生负面影响。

　　在提到整体经济增速减缓时，2023年的被调研企业反映这一问题的严重性有所减轻。将其视为营商环境首要问题的企业占比相较2022年下降23.13%。这应是政府采取了有效措施来刺激经济，以及疫情后宏观经济环境有所改善等原因所促成的。然而，在中国乃至全球经济不确定性的背景下，经济增速的减缓仍然是企业关注的焦点。

　　此外，企业在招聘合适人才、保持员工技能与行业需求相匹配方面遇到困难。这一问题在2023年比2022年更为严重，调研数据显示提升了3个百分点，这体现出可能存在的教育资源不足、人才流失或人才培养与市场需求不匹配等问题对民营企业发展的制约。人才是企业创新和提高竞争力的关键，缺乏人才可能会导致企业在产品开发、市场拓展、技术升级等方面失去优势。

　　将这些问题放在宏观背景下分析可以发现，它们相互之间存在联系。如市场准入条件过于严格可能导致新创企业难以进入市场，进而影响整体经济的活力和增长速度。而政策支持不足可能会加剧这种趋势，使得企业难以获得发展所需的资源。

同时，经济增长减缓可能会进一步影响企业的投资决策和人才吸引力。

（二）民营企业营商环境行业分析

通过调研发现，农林牧渔业、制造业、建筑业三个行业作为内蒙古自治区的重点行业，对营商环境的满意度存在差异。

1. 行业满意度呈现差异

（1）农林牧渔业

内蒙古自治区的农林牧渔业作为该地区的经济基石，其经营环境的优劣对经济的稳健性和增长前景有着不可忽视的影响。2023年调研数据显示，该行业的平均营商环境满意度为56.10%，较2022年的73.56%明显下滑。这一下降趋势在税收优惠政策落实评价上尤为突出，从2022年的82.48%跌至2023年的56.10%（见图7-3）。

近年来，全球经济增速放缓，影响了国内外市场需求，造成企业生产经营压力增大，特别是资金链紧张的问题更为凸显。从宏观经济角度来看，国内经济增长放缓可能削弱了企业对市场的信心。对未来发展前景的担忧，也可能影响企业对现行营商环境的评价。行业准入标准的提高、行政审批的复杂性等，也可能导致民营企业对营商环境满意度的下降。

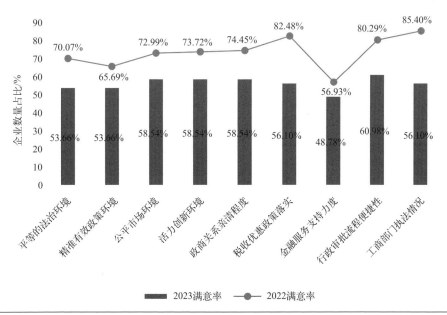

图7-3 2023年与2022年内蒙古自治区农林牧渔业民营企业的营商环境评价比较

（2）制造业

内蒙古自治区制造业民营企业的营商环境评价显示了一系列变化。首先，整体满意度下降。2023年调研数据显示，平均营商环境满意度为62.04%，相较2022年的71.59%，出现了下滑（见图7-4）。2022年企业对税收优惠政策落实高达80.92%的满意度显示出政府在税收优惠方面的努力得到了企业的认可。2023年对税收优惠政策落实的满意度也最高（69.44%），然而，金融服务、市场环境、政策环境的满意度相对较低，可能说明民营企业在这些领域的需求没有得到充分的满足。在金融服务方面，企业感受到融资难的问题，而对于创新环境的满意度相对不足可能与企业创新资源获取的困难、创新体系的不完善有关。对政策环境的满意度不足则可能源自政策支持力度不够、政策不稳定或执行不到位等问题。

除了对创新环境的满意度保持相对稳定、略有下降外，对金融服务支撑和政策环境的满意度持续下降，均低于六成（见图7-4）。这种下降趋势需要政府和相关部门的高度重视。对于金融服务支撑的不满可能意味着民营企业在贷款、融资等方面遇到了更多困难。

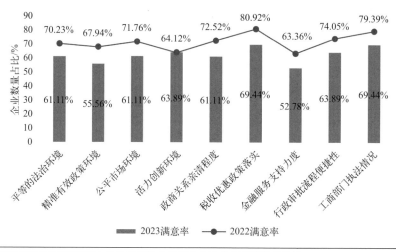

图7-4 2023年与2022年内蒙古自治区制造业民营企业的营商环境评价比较

（3）建筑业

2023年，内蒙古自治区建筑业民营企业在多个维度上表现出对营商环境的更高满意度，尤其是在政商关系、行政审批流程以及工商部门执法三个方面，均达69.57%的满意率，这一数据较2022年有显著提升，反映出政府在优化建筑业民营企业营商环境方面的持续努力，以及这些努力对企业经营产生的积极影响。

2022年，税收优惠政策的落实满意度是当年评价最高的领域。税收政策是影响企业经营成本和利润的重要因素，优惠政策的有效执行直接关系到企业的资金状况和发展潜力。由此看来，当年政府的税收优惠政策得到了民营企业的广泛认可。

2023年，建筑业企业的平均满意率从2022年的49.44%提升至64.25%，14.81%的增幅表明了建筑业营商环境整体改善。政策的优化、执行力的加强、企业服务的改进以及行业监管的透明化等共同促进了满意度的提高。这种正向的变化不仅是数字上的提升，更意味着企业在实际经营中感受到了营商环境的明显改观（见图7-5）。

虽然税收优惠政策落实的满意度较高，但是否所有符合条件的企业都能够及时了解并申请到相关优惠，是否有些企业因信息不对称或程序复杂而未能享受到应有的优惠，这些都是值得进一步研究的问题。同样，行政审批流程虽得到改善，但是否所有流程都能达到便捷高效的标准，是否还存在某些环节的烦琐或不透明，亦需持续监督和优化。

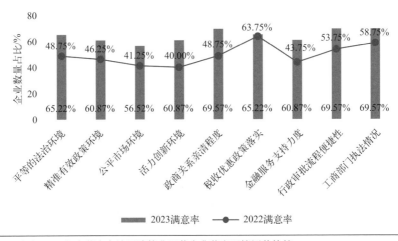

图7-5　2023年与2022年内蒙古自治区建筑业民营企业营商环境评价比较

2. 营商环境的变化与挑战

2023年，民营企业对营商环境满意度的变化也从某些方面反映出了当前营商环境所面临的挑战，仍然以农林牧渔业、制造业、建筑业三个行业作为内蒙古自治区的重点考察行业进行数据分析。

（1）农林牧渔业

内蒙古自治区农林牧渔业民营企业在营商环境方面遭遇了多元挑战。26.83%的农林牧渔业民营企业认为2023年遇到的首要营商环境问题是市场准入条件高（见图7-6），市场准入条件的严格性可能导致新企业难以进入市场，限制了行业的竞争和创新。二成企业认为政策支持力度不够是营商环境中的首要问题，缺乏足够的激励措施来促进行业内企业的发展和技术升级，可能导致产业结构僵化和效率下降。

在次要问题方面，近一成企业认为行政制度过于复杂，且企业运营管理缺少相应人才。行政制度复杂性可能增加企业的运营成本，降低工作效率；相关人才的缺乏会影响企业的创新能力和管理水平，限制企业发展的潜力。7.32%的企业认为营商环境中缺乏创新优惠政策，这可能导致企业在技术研发和市场开拓上的投入不足，从而影响整个行业的竞争力。

在第三问题中，近一成企业认为金融服务救助力度不足，这也可能阻碍了企业融资，特别是对于初创和小型企业来说，金融服务的支持至关重要。整体经济增速减缓，可能减少了企业的市场需求，影响收入和利润，这对于依赖市场销售的农林牧渔业民营企业尤为严重。

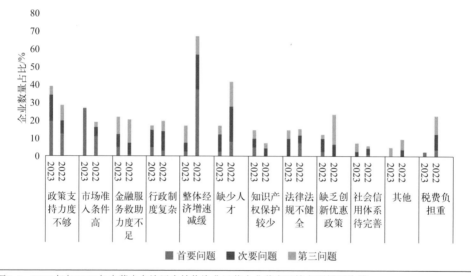

图7-6　2023年与2022年内蒙古自治区农林牧渔业民营企业营商环境主要问题比较

通过两年数据比较，可以看到内蒙古自治区农林牧渔业民营企业在2022年和2023年所面临的营商环境问题发生了一定的变化。2023年，市场准入条件的严格性和政策支持力度不够是调研企业面临的占比较高的首要问题。2022年，整体经济增速减缓是首要问题中占比最高的类别，高达37.23%。

在次要问题上，2022年，人才缺乏和经济增速减缓是近两成企业面临的同等重要的问题，说明了当时人力资源的紧缺与经济整体下行趋势对农林牧渔业的双重压力。2023年次要问题中，政策方面支持力度不够再次被提及，这可能与政策制定和实施的落地效率、精准度不高有关。

在第三问题上，2022年，创新优惠政策的缺乏问题较为突出，可能一定程度上抑制了企业在新技术、新产品开发上的积极性。同时，税费负担重和金融服务救助力度不足也是企业面临的重要挑战，前者直接增加了企业运营成本，后者影响了企业的融资渠道和资金周转。2023年，金融服务救助力度不足和整体经济增速减缓的问题依旧存在，并且这两个问题的占比相同，均为9.76%。金融服务的不足可能与银行信贷政策、金融产品的不匹配以及金融机构服务下乡的不充分有关。

综合以上分析，内蒙古自治区农林牧渔业民营企业的营商环境改善需要从优化市场准入条件、加大政策支持力度、改善金融服务以及提振经济增长等多个方面入手。政府部门应该考虑采取更加精准有效的措施，以促进行业的健康发展和提升企业的竞争力。同时，应该注重人才培养和引进，以及激励创新，为农林牧渔业的可持续发展提供长期动力。

（2）制造业

就制造业而言，2023年调研数据表明政策支持力度不够是企业面临的最大挑战，占比高达19.44%。这可能与地区政策制定的覆盖面、针对性以及执行力度有关。企业可能认为，虽有相关政策出台，但在实际操作中难以享受到预期的政策红利，或是政策落地过程中的效率不高，影响了企业的经营活动和发展计划（见图7-7）。

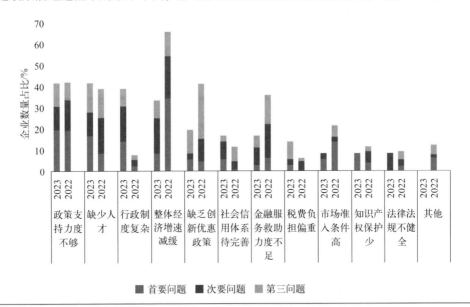

图7-7　2023年与2022年内蒙古自治区制造业民营企业营商环境主要问题比较

缺少人才的问题位列第二，占比为16.67%，显示当地制造业对于高素质人才的需求与供给之间可能也存在一定缺口。这一问题不仅关系到日常运营效率，还直接影响企业的创新能力和长远发展。制造业作为技术密集型行业，对技术、管理、营销等多方面人才的需求都很旺盛，人才短缺可能会导致企业在激烈的市场竞争中处于不利地位。行政制度复杂的问题，以13.89%的占比成为显著的首要问题。复杂的行政程序可能导致企业在申请许可、完成注册、进行税务报告等方面花费过多时间和资源，这不仅增加了企业的直接成本，也降低了企业的灵活性和市场响应速度。

在次要问题方面，行政制度复杂和整体经济增速减缓并列占比最高，均为16.67%，表明在行政效率提升和宏观经济调控方面，当地政府需要采取更为有效的措施。经济增速减缓可能与内外部市场需求下降、产业结构调整、全球经济形势等多重因素有关，这对于依赖市场销售的制造业来说，其影响尤为明显。

在第三问题类别中，人才匮乏再次被提出，占比13.89%，同时政策支持力度不够和创新优惠政策缺乏也各占11.11%，这些问题的存在可能会互相加剧，如创新优惠政策的缺乏可能会进一步影响企业吸引和保留人才的能力，而人才的缺乏又会降低企业的创新和竞争力。与2022年相比，首要问题的变化显示缺少人才和行政制度复杂问题有显著上升，这可能是由于随着市场的发展，企业对专业人才的需求增加。同时，如果行政程序未能简化，也会随着业务量的增加而成为更加严重的障碍。此外，经济增速减缓的问题有所好转，这可能是宏观经济改善或行业内部调整的成果。在次要问题中，行政制度复杂的占比上升，而经济增速减缓和政策支持力度不足的占比下降，可能反映出虽然宏观经济有所恢复，但企业在处理行政事务上的负担加重。法律法规问题占比上升可能是由于企业在遵守日益复杂的法律法规时面临更多挑战。在第三问题中，缺乏创新的问题占比下降，一定程度上意味着政府在鼓励创新方面有了一定的进展，但行政制度复杂的问题上升和金融服务救助力度不足的问题下降，这可能与政府在简化行政程序和提供金融支持方面取得的进步有关。

总体来看，制造业民营企业在2023年的营商环境中面临着一系列复杂的挑战，这些问题的解决需要政府、行业协会和企业本身的共同努力。政府可能需要进一步优化政策环境，提供更多人才培养和吸引机制，简化行政程序，并创造一个更有利于创新的环境。同时，企业也需要提高自身适应性，加强人才培养和技术创新，以应对不断变化的市场需求。

（3）建筑业

对于建筑业而言，2023年税费负担、市场准入难度和人才缺乏被视为最为紧迫的问题，这三个问题的总占比近六成（见图7-8），反映出企业在税收、市场竞争和人力资源方面面临着显著的挑战。税费负担的增长可能与地方税收政策的调整、税收征管的加强或企业经营成本上升有关；市场准入问题的持续存在可能与行业门槛、行政审批流程的复杂性或者地方保护主义的影响有关；人才缺乏问题的增长则突显了建筑行业在技术、管理以及专业技能人才方面的需求增加，这可能与行业技术升级、项目管理复杂度提高有关。

在次要问题中，行政制度复杂性、人才缺乏和整体经济增速减缓总占比近四成。行政制度的复杂性升高可能增加了企业的运营成本和市场响应时间，影响了企业的竞争力。人才缺乏问题的持续出现进一步证实了人才问题在建筑业中的普遍性和紧迫性。建筑业行业发展情况与宏观经济走势高度相关，随着整体经济增速减缓，建筑业整体增速也随之放缓。

在第三问题类别中，金融服务救助力度不足、行政制度复杂和政策支持力度不够问题位居前三，其占比总和在1/3左右。金融救助不足的增长反映出在金融政策、信贷资源分配或金融机构服务方面可能存在的问题，这些都可能影响到建筑企业的资金链和投资能力。行政制度的问题再次被提及，强调了改善行政效率的重要性。

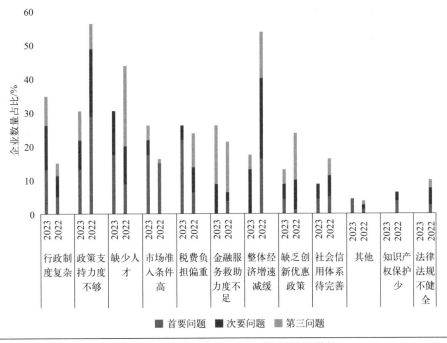

图7-8　2023年与2022年内蒙古自治区建筑业民营企业营商环境主要问题比较

与2022年相比，首要问题中税费负担问题的显著增长需要政府重视，考虑是否有可能减轻企业税负，以促进行业健康发展。市场准入问题的基本持平表明这一挑战一直未能得到有效解决，需要继续推动简化行政程序、降低行业准入门槛。人才问题的增长呼吁行业和教育机构联合培养更多适应现代建筑行业需求的专业人才。次要问题的变化显示行政制度复杂性的问题加剧，需要进一步的行政改革来减少企业负担。经济增速减缓问题的改善可能与地区经济调整策略初见成效有关，但仍需持续关注和推动。在第三问题类别中，金融服务的不足和行政制度复杂性的问题仍旧突出，政策支持力度虽有所增长，但增幅不大，显示出需要在金融服务和政策实施方面进行更多工作。

（三）民营企业营商环境规模差异

从不同规模民营企业来分析内蒙古自治区微型民营企业2023年的营商环境满意度评价数据发现，九项评价的满意度均在50.00%以上，其中前四项的满意度更是超过60.00%（见图7-9）。这表明尽管存在挑战，内蒙古自治区的营商环境在多个方面仍然得到了民营企业的肯定。超过六成企业的满意度反映了在某些服务和政策执行方面具有明显优势或改进，这对企业的日常运营和长期发展有积极影响。

然而，与2022年相比，2023年的满意度有轻微下降，这可能是由于宏观经济的波动、政策调整或行政执行力度的变化所导致的。特别是在工商执法、企业行政审批以及税收这三个领域，满意度的下降需要特别关注。工商执法满意度的下降意味着企业在法治环境方面遇到了更多困难，原因可能在于执法的不一致性、执法过程的不透明或处罚的不公正等。企业行政审批的满意度低可能反映了审批流程的复杂性、时效性或相关部门的服务效率等问题。而税收领域可能与税率的变化、税收政策的不稳定或税务申报和退税流程的复杂性有关。

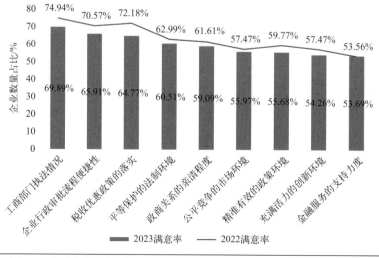

图7-9　2023年与2022年内蒙古自治区微型民营企业营商环境满意度评价比较

值得注意的是，金融服务支持的满意度在2023年与2022年基本持平，均在53.00%左右。尽管其他领域的满意度有轻微下降，但金融服务方面的表现相对稳定。金融服务对企业尤其是中小企业至关重要，这个领域的稳定表现可能是当地银行和金融机构在服务提供上的连续性和一致性，或是金融政策相对稳定所致。

1. 不同规模企业满意度有明显差异

（1）小微型企业

2023年内蒙古自治区小型民营企业对政府税收优惠政策落实的满意度是所有措施中最高的，占比为74.76%（见图7-10）。这可能表明，税收优惠政策在执行过程中，七成以上企业还是能够实际感受到减税降费的利好，这对于缓解小型民营企业的资金压力、提升其市场竞争力具有重要意义。

相对而言，对精准有效的政策环境的满意度最低，只有58.25%，表明政策在制定或实施过程中可能存在问题。可能由于政策不够精准，不能很好地对准企业的需求点，或者在实施过程中存在效率低下等问题。这一点对于小型民营企业而言尤为重要，因为它们通常资源有限，对政策环境的改善更为敏感。尽管存在这些具体问题，但整体而言，小型企业对2023年各项措施的满意度相较2022年均有所提升。特别是政商关系的亲清程度提高了10.00%，满意度提升最高。

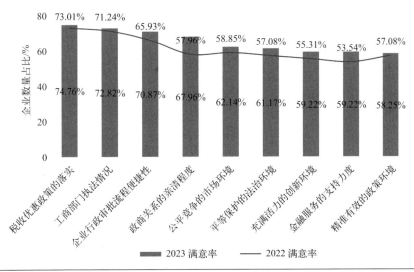

图7-10　2023年与2022年内蒙古自治区小型民营企业营商环境满意度评价比较

这种整体满意度的提升可能是由于政府在多方面采取了改进措施，包括但不限于：一是改善税收政策的宣传和执行，确保信息的透明度和政策的易于理解性，让更多小型民营企业能够及时了解并利用这些优惠政策。二是提高政策制定的精准度，确保每项政策都能针对小型企业的实际需求，比如提供针对性的扶持措施和业务指导。三是提升政策执行的效率和效果，简化程序、加快审批速度，以及提供更多的财政资金和技术支持。

在2023年的营商环境评估中，内蒙古自治区微型民营企业面临的主要问题在于政策支持力度不够，这一问题接近三成企业有所反映（见图7-11），这表明微型企业在获取政府扶持、财政补贴、税收减免等方面可能遇到困难。微型企业由于规模和资源的限制，通常更依赖于政府的支持来克服运营和发展中的挑战。与此同时，在首要问题方面，市场准入条件的严格性被视为最大的障碍，占比14.77%。微型企业在进入市场或扩大业务时可能面临高门槛，如复杂的注册流程、繁重的行政负担和高成本的市场准入要求等。

在次要问题中，政策支持力度不够和人才缺乏的问题同样突出（见图7-11）。人才特别是具有特定技能和经验的人才对于微型企业的成长至关重要。在第三问题中，政策支持力度不够和缺乏创新的占比最高，这表明微型企业在获取政策支持和创新方面遇到挑战。创新对于任何规模的企业都是重要的，但对于资源有限的微型企业来说，创新尤其关键，因为可以帮助它们在激烈的市场竞争中脱颖而出。

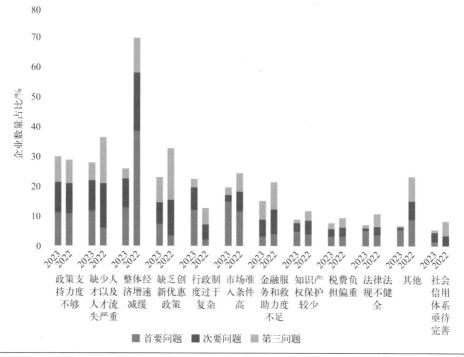

图7-11　2023年与2022年内蒙古自治区微型民营企业营商环境主要问题比较

与2022年相比，整体经济增速减缓问题的比重有了显著下降，这可能是由于宏观经济环境的改善或者是地区经济政策的调整，这对微型企业而言也是一个积极的信号，因为它意味着市场环境可能变得更加有利于其成长和发展。

总之，2023年内蒙古自治区小微型民营企业在营商环境方面面临的主要挑战是政策支持力度不够，同时市场准入条件、人才缺乏和创新能力的提升也是需要关注的关键领域。为了提升小微型企业的营商环境，政府需要在提供更加精准和有效的政策支持、简化市场准入程序、加强人才培养和激励创新等方面采取更有力的措施。

（2）中型企业

在2023年的营商环境调研评估中，中型民营企业在多个方面的满意度超过了70.00%（见图7-12）。这种高满意度涉及行政审批、市场监管、法律服务等方面，反映出企业在这些方面的体验有所改善，政府推行的简政放权、优化服务、加强市场监管等措施开始产生效果。

对精准有效的政策环境的满意度为62.16%（见图7-12），表明中型企业在寻求政策支持时，感觉到政策并不完全符合它们的特定需求，或者政策的实施效果并没有达到预期。精准有效的政策环境对中型企业的发展至关重要，因为它们处于成长的关键阶段，对政策支持的依赖程度较高，而且其问题通常比小型企业更为复杂。

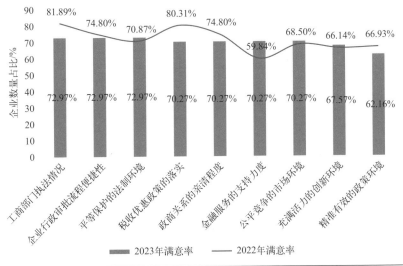

图7-12　2023年与2022年内蒙古自治区中型民营企业营商环境满意度评价比较

与2022年相比可以看出，虽然大多数指标的满意度保持稳定或有所提升，但也有部分指标的满意度出现下降，特别是对税收优惠政策的落实满意度降低较为明显。这可能与税收政策的变化、实施中的问题或是企业税负实际上有所增加有关。税收优惠政策是企业关注的重点，其对于中型企业来说，税收激励的响应度较高，税收优惠的调整直接影响其利润和可用资金。

值得注意的是，对金融服务支持力度的满意度提升最为明显，为10.43%（见图7-12）。这一提升可能是由于金融机构提供了更多针对中型企业的产品和服务，或政府推出了有利于企业融资的新政策，增加了金融机构对中型企业的贷款额度，提高了审批效率。

概言之，内蒙古自治区中型民营企业对营商环境的整体满意度较高，但在精准有效的政策环境方面仍有改善空间。政府应继续聚焦于提供更为精准的政策支持，同时解决税收优惠政策落实中存在的问题，以进一步提升中型企业的营商环境满意度。同时，维持并加强金融服务的改进措施，以确保中型企业在扩张和升级的关键时期能够获得必要的资金支持。

（3）大型企业

大型民营企业在2023年的营商环境调研评估中对不同方面的满意度呈现差异。不同政策和管理领域对企业运营具有不同影响。其中，对平等保护的法治环境的满意度最高，达57.14%，而对工商部门执法情况的满意度最低，仅为14.29%（见图7-13）。

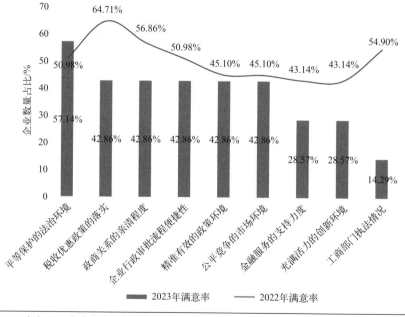

图7-13 2023年与2022年内蒙古自治区大型民营企业营商环境满意度评价比较

平等的法治环境是大型企业关注的重点，这关系到企业的合法权益和市场竞争的公正性。高满意度的法治环境可能表明在保护企业权利和公平竞争方面，当地政府做出了一定的努力。然而，对工商部门执法情况的较低满意度可能指出了执法行为不一致、执法程序透明度不高或执法效率低下等问题。这些问题可能会导致大型企业在遵守法律法规方面面临不确定性，影响企业的合规成本和经营决策。

2. 政策支持力度成为企业共同需求

（1）小型企业

在内蒙古自治区小型民营企业的营商环境中，政策支持力度不够成为最显著的首要问题，占比最高，达18.45%，这反映了小型企业对政府支持和援助的迫切需求（见图7-14）。同时，表明小型企业在获取政府扶持、财政补贴、税收优惠等方面尚存在一定困难。与此同时，法律法规不健全的问题占比最低，大部分小型企业认为现有的法律框架相对完备，但仍有改进空间。

在次要问题中，人才缺乏以及人才流失严重的问题占比最高，反映出小型企业在吸引和保留人才方面面临的挑战。这与小型企业所提供的薪酬水平、职业发展机会、工作环境等因素有关。在第三问题中，同样缺少人才及人才流失问题占比最高，进一步证实人才缺乏或流失问题在小型民营企业中的普遍性和严重性。

与2022年相比，2023年首要问题变化最为显著的是整体经济增速减缓问题，从36.28%大幅下降至9.71%，表明经济环境的改善或政策的调整，为小型企业的发展提供了更有利的外部条件。在次要问题中，整体经济增速减缓问题的占比下降也相对显著，从20.35%下降至13.59%，进一步表明经济环境对小型企业的影响正在减弱。在第三问题中，缺乏创新优惠政策问题的占比下降，从17.70%降至9.71%，说明政府在创新支持方面已采取措施，但对创新的支持仍需进一步加强。

总体来看，尽管经济增速减缓问题有所改善，但2023年内蒙古自治区小型民营企业在政策支持、人才吸引和保留、创新优惠政策等方面依旧面临着明显挑战。政府可能需要进一步精准制定和实施相关支持政策，改善法律法规环境，提供更多的人才培养和吸引机制，以及加大对创新和技术发展的支持力度，以助力小型民营企业的发展。

（2）中型企业

内蒙古自治区中型民营企业在营商环境中面临的主要问题也集中在政策支持力度不足、整体经济增速减缓，以及人才缺乏和流失严重等方面。

在首要问题方面，政策支持力度不够的问题同样占比最高，达18.92%（见图7-15）。2023年，所调研的中型企业对政府在财政、税收优惠、技术创新等方面的支持感到有所不足，这可能会影响企业的成长潜力和市场竞争力。社会信用体系的完

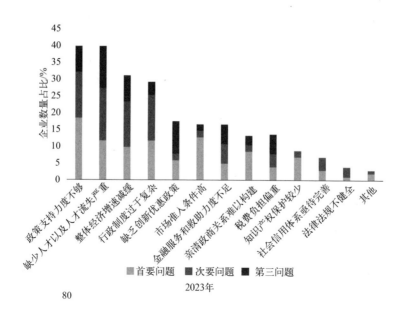

2023年

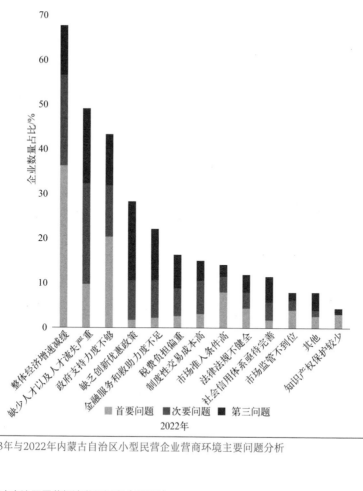

2022年

图7-14　2023年与2022年内蒙古自治区小型民营企业营商环境主要问题分析

善程度在首要问题中占比最低，表明中型企业更多关注于直接影响其运营和成长的问题，而对社会信用体系的关注度相对较低。

在次要问题方面，人才缺乏以及人才流失严重的问题占比最高，表明中型企业在人力资源方面也面临挑战。人才对于企业特别是处于成长期的中型企业至关重要，因为其需要各种技能和经验的人才来推动创新和扩张。

在第三问题方面，社会信用体系的完善程度占比最高，这可能意味着尽管不是首要关注点，但中型企业仍然认为建立健全的社会信用体系对于提升商业环境和促进公平竞争是非常重要的。

与2022年相比，整体经济增速减缓问题的总占比由63.79%下降至2023年的27.03%，表明宏观经济环境可能有所改善，对中型企业的压力相对减少。

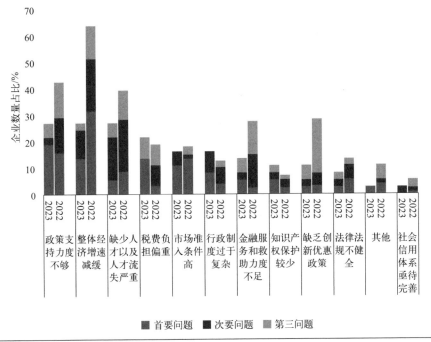

图7-15　2023年与2022年内蒙古自治区中型民营企业营商环境主要问题比较

总体来看，内蒙古自治区中型民营企业在营商环境中面临的主要挑战是政策支持力度不够、人才缺乏和流失严重，以及经济增速减缓。为改善这些问题，政府需要继续加强政策支持，特别是在税收减免、财政补贴和技术创新方面；同时需要采取措施促进人才的培养和吸引，以提升中型企业的竞争力和可持续发展能力。

（3）大型企业

对大型企业而言，营商环境中建立良好的亲清政商关系至关重要，因其涉及政策解读、市场准入、监管合作等多方面。"亲""清"关系，是政府与企业间既亲密又清晰透明的合作关系。难以构建此类关系可能意味着企业在与政府互动时遇到了障碍，包括不透明的政策环境、官僚主义或者政企沟通不畅等问题。

市场准入条件的严格性是所调研的大型企业中面临的首要问题，2023年占比为28.57%，较2022年有所上升（见图7-16）。市场准入是大型民营企业扩张和发展的关键，高门槛可能限制其市场机会和增长潜力。

行政制度的复杂性成为次要问题中的主要关注点，同样占比28.57%。大型企业在处理行政事务时可能遭遇烦琐的流程和低效率问题，一定程度上会增加企业的运营成本，减慢其对市场变化的响应速度。

与2022年相比，政策支持力度不够作为首要问题的选择从43.14%大幅下降至14.29%，一定程度上反映了政府在提供支持方面所做的努力。而市场准入条件高问题的上升突显了这一领域对于大型民营企业日益增长的重要性。

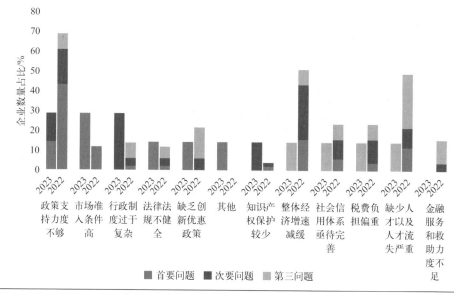

图7-16　2023年与2022年内蒙古自治区大型民营企业营商环境主要问题比较

（四）民营企业营商环境区域差异

1. 整体评价有所提升

在2022年和2023年，蒙东地区民营企业对营商环境的整体评价呈现上升趋势。尤其对工商执法情况的满意度评价均占据首位，其中2023年的满意度高达77.99%，对比2022年的64.44%有显著提升，其增幅超过10.00%（见图7-17）。这一显著增长一定程度上表明蒙东地区在工商执法领域取得了明显进步，如执法透明度可能进一步提高、执法标准一致性和公正性得以增强，执法程序逐步高效化。

政策精准性和有效性的提升亦较显著，大约提升近15.00%。这表明蒙东地区政府在制定和实施政策时更加注重针对性和实效性，能更好地满足企业的具体需求，这可能涉及税收优惠政策、财政补贴、市场准入便利化、技术创新支持等多个方面。政策的精准有效执行对于提升企业的运营环境、激发市场活力以及促进地区经济发展都至关重要。

蒙东地区在工商执法和政策执行方面的改善，体现了政府在提升治理效能、促进公平竞争和创造良好商业环境方面的积极进展。

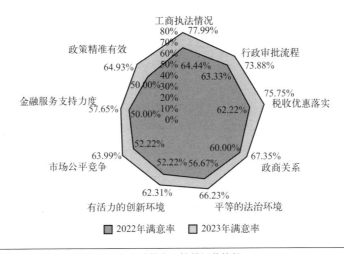

图7-17　2023年与2022年蒙东地区民营企业对营商环境的评价比较

2022年，蒙西地区的民营企业对营商环境的评价显示，税收优惠落实和工商执法情况满意率较高，均在60.00%以上（见图7-18）。当地政府在税收优惠政策的执行和工商执法方面做得较为出色。税收优惠直接关系到企业的成本和盈利能力，而工商执法的透明和公正则是保障企业公平竞争和法治环境的关键。

然而，其他方面的满意率不足60.00%，尤其是金融服务满意率最低，仅为47.19%，一定程度上反映出蒙西地区可能存在金融产品不足、金融机构服务不够便捷或贷款难度较大等方面的金融服务问题。

2023年，蒙西地区民营企业对营商环境的整体评价有了显著提升，包括政策环境、市场环境、法治环境以及政商关系等方面都同比上升大约10.00%。这一变化表明当地政府在改善营商环境方面采取了一些有效措施。

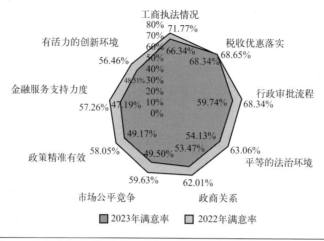

图7-18　2023年与2022年蒙西地区民营企业对营商环境的评价比较

2. 区域问题呈现差异

在分析蒙东地区民营企业的营商环境时发现，政策支持力度不够是企业面临的首要问题，2023年的调查中这一问题的占比为14.44%（见图7-19）。这表明企业可能在获取政府扶持、财政补贴、税收减免等方面的需求未能得到充分满足。人才缺乏问题以11.11%的占比位列次席。经济增速缓慢和市场准入难度高均占比10.00%。经济增速的减缓可能会导致市场需求下降，影响企业收入和利润；市场准入难度高则意味着企业在拓展业务或进入新市场时面临更多障碍。

与2022年相比，2023年在政策支持方面的主要问题没有明显变化，这一问题持续存在。值得注意的是，经济增速缓慢问题的占比从2022年的39.55%大幅下降到2023年的10.00%，降幅达29.55%。这一变化表明宏观经济环境的改善，抑或地区内部的经济政策和发展战略等取得了积极成果。

总体来看，蒙东地区民营企业在营商环境中面临的挑战主要集中在政策支持力度不够和人才短缺上，同时也受到经济增速和市场准入难度的影响。为改善这些问题，地方政府及相关机构应采取更为有力的措施，如提供更多针对性的政策支持，改善人才培养和引进机制，促进市场开放和公平竞争等。这些措施将有助于创造更加有利的营商环境，促进企业的成长和地区经济的持续繁荣。

而在对2023年的蒙西地区营商环境的分析中，可以观察到几个关键问题的显著特征和变化。首先，市场准入条件的高门槛以15.57%的比例成了首要问题（见图7-20）。这表明复杂的行政程序、过高的经营成本、严格的行业标准或监管壁垒等因素都可能阻碍企业的市场进入和业务拓展。

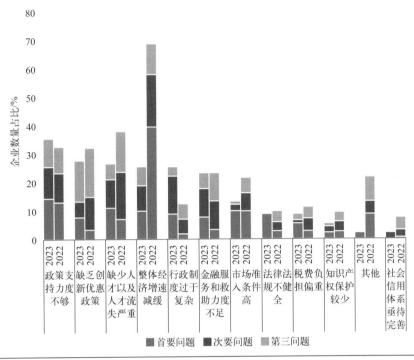

图7-19　2023年与2022年蒙东地区民营企业营商环境主要问题比较

其次，缺少人才的占比为11.61%。人才资源的不足是制约蒙西地区民营企业发展的另一个重要因素。人才短缺影响企业的创新能力、运营效率及竞争力，尤其是在高技术行业或需要专业技能的领域。

第三个突出的问题是政策支持的不足，以及创新优惠政策的缺乏，占比分别为12.93%、6.86%，表明企业在获取政府支持和优惠政策方面的需求在一定程度上未得到充分满足。

2023年政策支持和经济增速问题同比2022年都有所下降，均降至12.93%。行政制度复杂度问题从2022年的3.96%增长到2023年的12.14%，表明行政程序的效率和透明度成为蒙西地区企业越发关注的问题，这种复杂性增加了企业的运营成本，降低了市场响应速度，可能对企业的整体竞争力产生不利影响。

概言之，蒙西地区民营企业在营商环境中面临的主要挑战集中在市场准入条件、人才短缺以及政策支持和行政制度的复杂性上。政府和相关机构亦须采取措施简化市场准入流程、加强人才培养和引进策略、优化政策支持框架，以及努力提高行政效率和透明度，为企业提供更加有利的发展环境，促进地区经济持续健康发展。

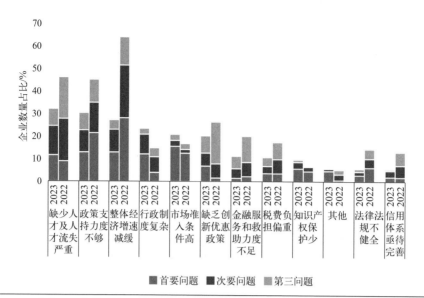

图7-20　2023年与2022年蒙西地区民营企业营商环境主要问题比较

八、

内蒙古自治区民营
企业政策评价

内蒙古自治区在中国经济版图上占据独特而重要的位置，内蒙古自治区民营企业是推动地区经济增长的重要力量，其发展状况直接关联到社会就业、创新能力和区域经济的整体竞争力。政策评价对于确保民营企业有效获取关键资源和支持具有重要作用，有助于促进企业的稳健发展；同时，良好的政策环境对于提升区域经济竞争力，乃至在全国经济中赢得有利地位，能够起到关键性作用。因此，对内蒙古自治区的民营企业政策进行细致地评估和审视，洞察政策实施的成效、识别存在的不足，可为未来的政策制定提供科学合理建议，确保政策导向与企业需求的有效对接，促进内蒙古自治区经济的长远和谐发展。

（一）民营企业的公共服务和政策满意评价

1. 人身安全和财产安全保障的满意评价下降

在2023年的调研中，内蒙古自治区民营企业经营者对于人身安全保障的满意度与2022年相比下降了15.34%（见图8-1）。企业经营者对个人安全的关注日益增长，现行措施可能未满足其期望，或出现了现有政策尚未充分解决的新挑战。相反，"非常满意"的评价上升了6.38%，可能反映了在法律和监管框架中的成功举措或改进措施，一定程度上也反映出地方政府在加强安全措施执行方面的努力。

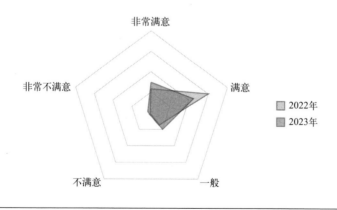

图8-1 内蒙古自治区民营企业经营者人身安全保障满意度评价

2023年内蒙古自治区民营企业对财产安全保障评价为"非常满意"的较2022年上升6.1%（见图8-2），这种正向的变化可能源于地方政府加强了对民营企业财产安全的保护，改进了相关法律法规的执行，或提高了公共安全水平，从而提升了企业家对财产安全的信心。评价为"满意"的较2022年下降了13.35%，"非常不满意"的评价较2022年增长了1.43%，这可能意味着尽管一部分企业家感受到了财产安全方面的改善，但另一部分企业家可能因为种种原因（如地区差异、行业特性、政策执行不均等问题）而感受不同。这种分化的满意度可能反映了财产安全保障在不同区域或行业中的差异化实施效果。

总体而言，内蒙古自治区民营企业对财产安全保障处于比较满意的水平，这些变化强调了不断审视和改进财产安全保障措施的必要性。为维护民营企业的稳定发展、增强投资者的信心，须持续关注并改善财产安全保障机制，确保所有民营企业在一个安全公平的环境中发展。

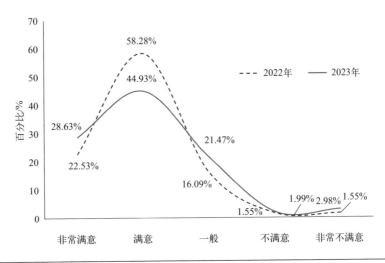

图8-2　2023年与2022年内蒙古自治区民营企业财产安全保障满意度评价比较

2. 基础设施期待值上升，满足程度仍然有限

2023年，内蒙古自治区民营企业对基础设施相关政策虽整体上满意，但与2022年相比，满意度有所下降，减少了12.83%（见图8-3）。同时，"非常满意"增长6.73%，表明一部分企业对基础设施的改善和政策实施效果表示认可。这可能与政府在基础设施建设上的新投资、项目推进速度的加快或服务质量的提升有关。

需要注意的是，"不满意"评价也有所上升，增长了2.38%。尽管有所改善，但少数企业对当前基础设施条件或相关政策的满足程度仍有限。这种不满意可能源于基础设施建设与民营企业需求之间的不匹配，对基础设施改善的速度和质量的期望有待进一步实现。

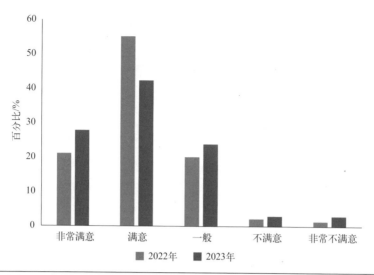

图8-3　2023年与2022年内蒙古自治区民营企业对基础设施相关政策满意度比较

3.绿色发展满意度上升，行业之间显现差异

2023年调查显示，内蒙古自治区民营企业对低碳绿色发展促进政策的总体满意度出现变化。首先，评价为"满意"的比例下降了15.02%（见图8-4），这可能源于企业对低碳技术支持、政策激励，以及绿色发展基础设施方面的需求增加，而现行政策可能未能充分满足这些需求。与此同时，"非常满意"评价上升5.54%，这表明某些企业已开始从政策中受益，如通过绿色税收优惠、财政补贴或技术支持等，同时也感受到政府在推动低碳绿色发展方面的努力。

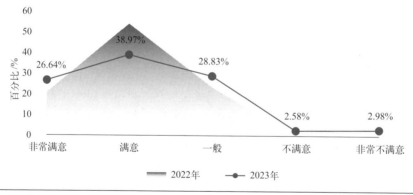

图8-4　2023年与2022年内蒙古自治区民营企业对低碳绿色发展促进政策满意度比较

2023年，内蒙古自治区民营企业对低碳绿色发展政策的满意度呈现出显著的行业差异。对满意度的评价设置为1～5分。邮政业以5分的满意度排在首位（见图

8-5），邮政业在实现绿色发展方面通过采用节能环保的运输工具、优化物流网络等措施，提升了整个行业的绿色发展水平。相比之下，仓储业的满意度最低，为3.5分，这可能与该行业特有的运营模式和资源使用效率有关。

与2022年相比，超过半数的行业在低碳绿色发展政策的满意度上有所下降，其中仓储业的下降幅度最大（0.5分），该行业的绿色转型进展缓慢。邮政业、住宿业、餐饮业、采矿业和房地产业的满意度则有所提升，特别是邮政业，其满意度提升最显著，从2022年的4.09分升至5分，可能是由于在绿色政策的推动下，这些行业实现了更有效的资源利用和环保措施的落实。

不同行业在响应低碳绿色发展政策时的反应和适应程度各不相同，政策制定者需要考虑到行业特性，以在制定和实施低碳绿色政策时更加精细和有针对性。为进一步提升整个区域的绿色发展水平，政策应更加注重差异化管理，针对各行业的具体情况制定具体的策略和措施。

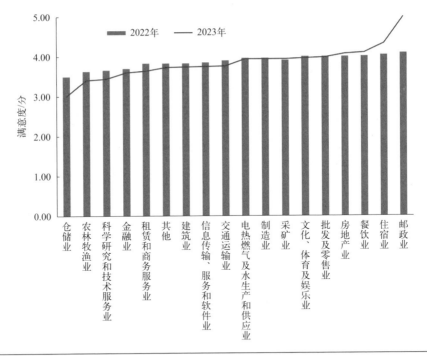

图8-5　2023年与2022年内蒙古自治区分行业民营企业低碳绿色发展政策满意度比较

4. 政策支持满意度提升，政策诉求仍显多元

图8-6显示，2023年，内蒙古自治区各盟市民营企业对政策支持的满意度总体差异较小。多数盟市的满意度分数位于3～4分之间，显示出政策在大多数地区都得到

一定程度的肯定。鄂尔多斯市以4.05分的评价居首，反映出该地区在政策支持方面有较强的实效性和适应性，当地政策可能更加符合企业的发展需求，促进了地区民营企业的健康发展。

相比之下，乌海市的满意度显著降低，从2022年的4.14分骤降至2023年的1.11分。这种显著的变化一定程度上反映出乌海市的政策支持在过去一年里与企业需求之间还有提升空间。

除乌海外，其他盟市的满意度普遍有所提升，其中通辽市的提升幅度最为显著，上涨1.89分。可能由于通辽市在过去一年里采取了更加有效的政策支持措施，提高了政策的执行效率，使得当地的民营企业能够更好地享受到政策红利（见图8-6）。

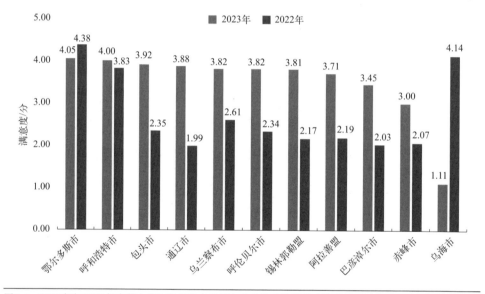

图8-6　2023年与2022年内蒙古自治区各盟市民营企业政策支持满意度比较

2023年，内蒙古自治区民营企业对政策支持的满意度整体表现出较小区域差异。其中，蒙中地区以3.88分的评分位居首位，一定程度上反映出该地区政策支持的实效性较强，当地政府政策对民营企业发展需求的把握较为精准。

相对而言，蒙西地区以3.25分的评分暂列末尾，表明该地区在政策支持方面还有待加强。这可能与地区经济结构、企业发展阶段以及政策落地效果有关，须进一步优化政策设计，提升政策执行的有效性。

从年度变化来看，各地区的满意度普遍有所提高，其中蒙东地区的增幅最为显著，提升了1.42分。这可能由于蒙东地区在过去一年中加大了对民营企业的政策支持力度，如加强金融服务、改善营商环境、推动产业升级等，从而得到企业的积极反响。而蒙西地区虽然满意度提升幅度最小（仅0.23分），但这也表明该地区在保持政策连续性的同时，逐渐加大了对民营企业的支持力度（见图8-7）。

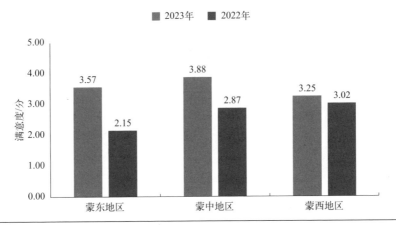

图8-7　2023年与2022年内蒙古自治区各地区民营企业政策支持满意度比较

（二）民营企业的政策支持需求评价

1. 财政补贴诉求显著上升，用工生产和监管诉求低

2023年，内蒙古自治区民营企业的首要政策诉求呈现多元化特点。其中，财政补贴政策以61.82%的占比居首位（见图8-8），反映出民营企业对经济支持的迫切需求。而财政补贴能够直接减轻企业的财务压力，提升其市场竞争力，尤其是对那些在创新研发、市场扩张或技术升级等方面需要资金注入的企业而言，财政补贴颇为重要。

相比之下，用工生产优惠政策和加大监管及行政执法力度的诉求占比最低，仅为0.81%。大多数民营企业认为当前的用工政策和监管环境相对合理，或者这些方面不是他们当前最为迫切的需求。

与2022年相比，财政补贴的诉求占比上升15.89%，在经济环境变化和市场竞争加剧的背景下，更多的企业感受到了资金压力。同时，其他政策诉求占比有所下降（见图8-8）。

2023年，在不同行业的民营企业中，将"提高财政补贴"作为首要政策诉求的比例呈现出明显的行业特征。在这些行业中，租赁和商务服务业对财政补贴的需求最为迫切，占比高达81.82%，这可能是由于这一行业在运营过程中面临较高的成本

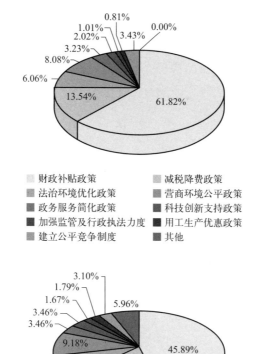

財政補貼政策　　　減稅降費政策
法治環境優化政策　營商環境公平政策
政務服務簡化政策　科技創新支持政策
加強監管及行政執法力度　用工生產優惠政策
建立公平競爭制度　其他

提高財政補貼　　加大減稅降費　　用工生產優惠
發展公平市場　　優化政務服務　　科技創新支持
優化法治化營商環境　涉企政策制定溝通機制　優化監管執法
其他

图8-8　2023年与2022年内蒙古自治区民营企业首要政策诉求比较（上：2023年；下：2022年）

压力和资金需求。金融业紧随其后，占比为80.00%，反映了金融业在发展过程中对资本的依赖以及对政策支持的高度需求。

此外，房地产业，科学研究和技术服务业，农林牧渔业和文化、体育及娱乐业的财政补贴诉求占比均超过70.00%，表明这些行业在创新发展、市场扩张和技术升级等方面需要较大的财政支持，以促进行业的健康发展。

相比2022年，信息传输和软件技术业对财政补贴的诉求有所下降，从50.00%降至37.50%，下降了12.50%。这可能是因为该行业的市场环境有所改善，或是企业已经在一定程度上实现了自主发展。而文化、体育及娱乐业的财政补贴诉求占比与2022年相比显著上升，增长了49.74%，反映出该行业在面对市场变化和行业升级的过程中，对财政补贴的依赖性增强（见图8-9）。

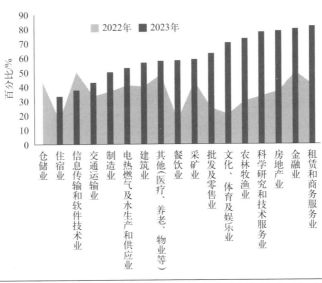

图8-9　2023年与2022年内蒙古自治区不同行业民营企业对"提高财政补贴"的政策诉求比较

2. 减税降费诉求比例上升，不同行业之间略显差异

图8-10显示，在2023年的调研中，内蒙古自治区民营企业的第二政策诉求中，1/3的企业仍然呼吁减税降费，仍面临较大的财务压力和对减轻税负的迫切需求。在经济增长放缓和市场竞争加剧的背景下，减税降费被视为一项重要措施，可以直接减轻企业的运营成本，提升其盈利能力和市场竞争力。其次，营商环境公平的诉求占比为19.41%，表明公平的市场环境对部分民营企业的生存和发展同样至关重要。公平的营商环境不仅涉及市场准入和竞争规则，也包括政府采购、资金融通等多方面的公平性。与2022年相比，减税降费的诉求占比增长了18.56%。而用工生产优惠的诉求占比下降了6.43%。

图8-11显示，在2023年的调研中，批发及零售行业在次要政策诉求上占比最高，达15.70%。然而，相比2022年，这一行业的占比明显下降12.70%，这可能意味着在过去一年中，该行业的税负或运营成本有所减轻，或政策支持在一定程度上缓解了企业的财务压力。

农林牧渔业的减税降费诉求占比下降了9.60%。在乡村振兴和农业现代化的背景下，行业相关政策可能在一定程度上满足了行业需要。

此外，采矿业的减税降费诉求占比相较2022年上升了6.20%，反映了该行业在环境保护、资源开采等方面面临的挑战和成本增加，企业对减轻税负和运营成本的需求相对增强。

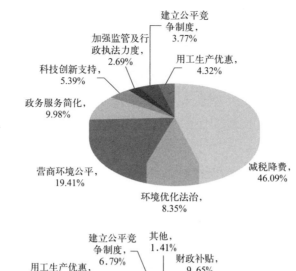

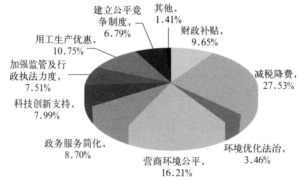

图8-10 2023年与2022年内蒙古自治区民营企业第二政策诉求比较（上：2023年；下：2022年）

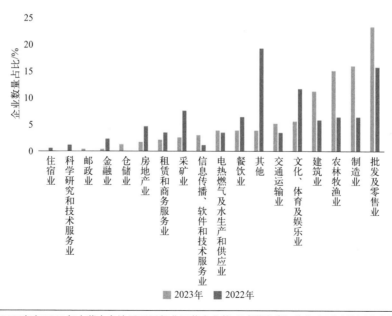

图8-11 2023年与2022年内蒙古自治区不同行业民营企业将"减税降费"作为次要政策诉求占比比较

3.营商环境公平需求强烈，公平竞争服务简化次之

2023年的调查数据显示，民营企业将"营商环境公平"作为第三重要的政策诉求，占比达22.75%（见图8-12），反映了企业对于营造一个公平竞争的市场环境的强烈需求。其次，"建立公平竞争制度"的诉求占比为19.22%。企业对市场公平性的关注不仅限于营商环境，还扩展到竞争规则的制定和执行上。公平竞争制度的建立有助于确保企业在透明和公正的条件下运营，促进健康和持续的市场竞争。

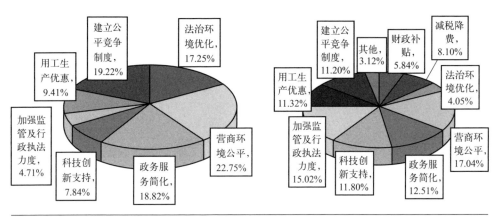

图8-12 2023年与2022年内蒙古自治区民营企业第三政策诉求比较（左：2023年；右：2022年）

"政务服务简化"排第三位，占比18.82%，相比2022年有所上升（6.31%）。企业对政府服务的效率和便利性越来越重视，尤其是在快速变化的市场环境中，简化的政务服务能有效降低企业运营成本，提高响应市场变化的能力。政务服务的简化包括减少行政审批流程、提高服务透明度和可预测性，以及利用数字化手段提升服务效率等。

图8-13显示，在2023年的调查中，内蒙古自治区民营企业把"发展公平市场"作为政策诉求的重视程度有所增加，特别是在不同规模的企业中，这一趋势表现得尤为明显。

微型企业对于公平市场的关注占比为10.54%，相较2022年上升了3.98%。这一变化可能反映了微型企业在面对市场竞争时感受到了挑战和障碍，特别是在获取资源、市场准入和面对大型企业竞争的不利地位时尤为突出。小型企业对公平市场的关注占比也有所上升，增幅为2.11%。这一变化说明小型企业在扩展业务和寻求市场机会时，对公平竞争环境的需求日益增加。中型企业的关注占比同样上升，增幅为4.21%，这说明中型企业也越来越注重营商环境的公正性和市场规则的透明性。

相比之下，大型企业对公平市场的关注占比下降0.83%。大型企业由于其规模和资源优势在市场上已经处于较为有利的地位，因此对市场公平性的关注度有所下降（见图8-13）。

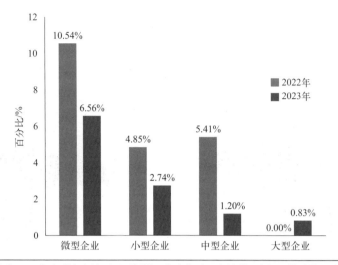

图8-13　2023年与2022年内蒙古自治区不同规模民营企业对"发展公平市场"的政策诉求比较

（三）民营企业金融和财政支持需求

1. 资金挑战巨大，财税/信贷/财政支持需求强烈

图8-14表明，在2023年的调查中，内蒙古自治区民营企业将金融和财政支持作为首要需求。首先，"加大财税支持"以30.42%的比例位居需求列表首位，尽管相比2022年有1.88%的下降，但依然高居榜首，显示出民营企业对财税优惠和支持的持续需求。

其次，"加大信贷支持"的需求占比为19.48%，较2022年略有上升，增长0.41%，这表明企业对于金融资源的需求依然强烈，特别是在扩大生产、市场拓展和技术升级等方面。金融机构的信贷支持对保障企业的资金流和投资计划实施起着关键作用。"小微财政贴息"的需求占比为14.71%，相较2022年上升1.72%，这表明小微企业在获得融资方面存在困难，对财政支持更为依赖。

2. 财税诉求最高，不同规模企业呈现趋同选择

2023年，内蒙古自治区小微民营企业对财政和金融支持政策的首要需求呈现显

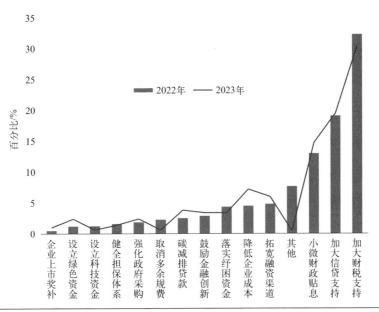

图8-14　2023年与2022年内蒙古自治区民营企业金融和财政支持政策首要诉求比较

著变化。首先，选择"加大财税支持"的企业占比最高，达29.89%（见图8-15）。小微企业对减轻税负和获得财政支持具有最强烈需求。"加大信贷支持"占比为19.34%，显示小微企业在获得银行贷款和其他金融产品方面也存在较大需求。由于小微企业通常缺乏足够的抵押资产和信用历史，获取信贷支持对于其而言尤为关键。

然而，选择"设立绿色资金"的企业占比最少，仅为0.22%。小微企业对于绿色发展和环保投资的关注度相对较低。

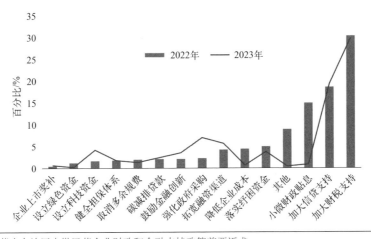

图8-15　内蒙古自治区小微民营企业财政和金融支持政策首要诉求

与2022年相比，变化比较明显的是小微企业对于"小微财政贴息"和"降低企业成本"的需求有所减少。在过去一年中，可能这些方面的政策已在一定程度上发挥了效果。

图8-16表明，2023年，内蒙古自治区的大中型民营企业在财政和金融支持政策的首要诉求方面展现出趋同特征。首先，选择"加大财税支持"的企业占比同样最多，达37.21%。大中型企业在扩张和发展过程中，对减轻税负和获取政府财政支持有着强烈需求。对于这些企业而言，财税支持不仅可以直接减轻其运营成本，还能提升其市场竞争力和创新能力。

其次，"加大信贷支持"的需求占比同样居于第二位，为20.93%，显示出大中型企业在资金扩充和项目投资上依然面临挑战，特别是在进行规模扩张或技术升级时，对银行贷款和其他金融产品的需求依然强烈。

与2022年相比，大中型企业对"强化政府采购"的需求有所增加，反映了大中型企业在拓展业务和进入新市场方面的策略调整，它们可能更加希望通过政府采购这一渠道获取更多的商机和市场份额。政府采购不仅可以为企业带来稳定的收入来源，还能增强企业的品牌声誉和市场影响力。

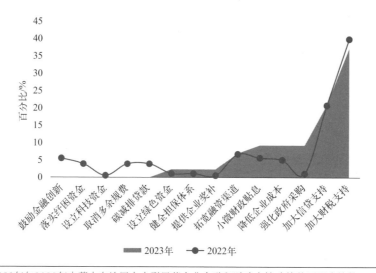

图8-16　2023年与2022年内蒙古自治区大中型民营企业金融和财政支持政策首要诉求比较

九、

结论与讨论

《内蒙古自治区民营经济发展报告》是内蒙古自治区促进民营经济发展项目课题组对内蒙古自治区民营企业所开展的年度性跟踪调查与研究报告。《内蒙古自治区民营经济发展报告（2023）》是针对2023年内蒙古自治区503家民营企业调研形成的综合性分析报告。该报告通过将2023年和2022年调研数据进行比较分析，全面系统地揭示了内蒙古自治区民营企业发展的基本情况、融资和资源获取、营商环境、科技创新、数字化转型以及绿色发展等。同时，基于对民营企业政策评价的具体分析，探究其在应对市场变化和履行社会责任方面所面临的挑战、机遇、优势与困境，旨在为促进民营经济的健康发展提供科学参考。

　　2023年，内蒙古自治区的民营企业构成中，微型企业占比显著，表明了区域经济中强大的创新、创业活力和经济发展的灵活多样性，体现出经济增长潜力和就业机会的增加。

　　伴随着企业治理结构的日益规范化，民营企业越来越注重内部管理和透明度。不同行业的营收差异及其变化趋势揭示了市场动态和行业特性的深层次影响。收入下降的挑战可能与市场需求减少、成本上升或技术更新等因素相关。这些变化要求企业持续创新并不断适应市场，以保持竞争力和可持续发展能力。

　　民营企业在关注核心业务的同时，越来越注重社会责任的承担，尤其体现在大型企业中，其已设立专门的社会责任部门。这种转变反映了企业社会责任在提升品牌形象、建立消费者信任和促进长期可持续发展方面的重要性。企业决策者不仅关注经济效益，也越来越重视企业的社会影响和道德责任。

　　内蒙古自治区民营企业正在加快数字化转型，以提高生产效率和市场适应能力。随着技术的快速发展，民营企业需要不断更新技术基础设施并提高员工的专业技能。同时，加大对云计算、大数据分析和人工智能的投资。然而，技术适应、网络安全和技能差距等依然是内蒙古自治区中小型民营企业面临的严峻挑战。

　　在绿色发展战略背景下，内蒙古自治区民营企业正加快对可再生能源和环保技术的投资，打造新的市场竞争力。为此，企业需克服资金支持和绿色技术知识的制约，同时对市场的绿色需求和政府的环保政策保持密切关注。

　　内蒙古自治区民营企业正在积极寻求进入国际市场的机会，以拓宽消费者市场。这不仅有助于增加企业的市场份额，还能提升产品和服务的国际竞争力。然而，民营企业在文化差异、国际市场的合规要求和应对全球竞争方面也遇到诸多挑战。

　　人才是企业发展的核心。对于内蒙古自治区民营企业而言，高技能人才的培育尤为重要。企业应通过与教育机构合作，提供更有吸引力的职业发展机会，来缓解人才短缺问题。此外，为提高员工技能并保持竞争力，开展培训和发展计划是必不可少的举措。

内蒙古自治区政府在制定促进民营企业成长的政策中扮演了关键角色，包括税收优惠、财政补贴和市场准入政策等，均是帮助企业应对市场变化的重要手段。为充分利用政策机遇，企业需要快速适应政府政策和法规更新。

资金是企业发展的生命线，尤其是对内蒙古自治区中小型民营企业而言。融资难突出体现在信贷条件严格、融资成本高和融资渠道有限。对此，政府和金融机构应提供更多支持，例如改善信贷条件、提供风险投资和增加金融知识培训等。

在激烈的市场竞争环境中，内蒙古自治区民营企业必须持续创新并寻求合适的市场定位，包括深入理解消费者需求、改进产品和服务以及开拓新市场等。专注于独特的价值主张和市场细分可以帮助企业保持竞争力，从而为内蒙古自治区民营企业的未来发展提供创新动力，促进民营经济有序、健康、可持续发展。